ANDREA LOMBARDI
CON LA COLLABORAZIONE DI MARIO MENICHETTI

IL COMANDANTE UMBERTO BARDELLI

UNA BIOGRAFIA

NOTE EDITORIALI

Tutto il contenuto dei nostri libri, in qualsiasi forma prodotti (cartacei, elettronici o altro) quando non diversamente specificato è copyright soldiershop.com. I diritti di traduzione, riproduzione, memorizzazione con qualsiasi mezzo, digitale, fotografico, fotocopie ecc. Sono riservati per tutti i Paesi. Nessuna delle immagini presenti nei nostri libri può essere riprodotta senza il permesso scritto di soldiershop.com. L'Editore rimane a disposizione degli eventuali aventi diritto per tutte le fonti iconografiche dubbie o non identificate. I marchi Soldiershop Publishing, Bookmoon, Museum s e relative collane sono di proprietà di soldiershop.com o Luca Cristini Editore; di conseguenza qualsiasi uso esterno non è consentito.

RINGRAZIAMENTI

L'autore desidera ringraziare, per la documentazione e le testimonianze forniteglì, essenziali per la stesura di questo testo, Serena Bardelli Rattazzi, figlia del Capitano di Corvetta *M.O.V.M.* Umberto Bardelli e Fernando Bardelli, suo nipote, Mario Menichetti ed Andrea Castagnino, esperti collezionisti e ricercatori, l'Ausiliaria Scelta Raffaella Duelli (*SAF* X^a, Btg. *Barbarigo*), il Guardiamarina Enzo Leoncini (Btg. *Barbarigo*), il Guardiamarina Paolo Posio (Btg. *Barbarigo*), il Sottocapo Egidio Cateni (Cp. Mitr., Btg *Barbarigo*), il Marò Mario Fusco (4a Cp. Mortai, Btg. *Barbarigo*), ed il Marò Giulio Ronchi (Cp. Mitr., Btg. *Barbarigo*), al quale va un ringraziamento speciale da "Marinaio di terra" a "Marinaio di lago e di terra"!
Si ringrazia l'abile disegnatore di Marina Claudio Cherini per l'autorizzazione a pubblicare i suoi disegni.

LICENSES COMMONS

This book may utilize part of material marked with license creative commons 3.0 or 4.0 (CC BY 4.0), (CC BY-ND 4.0), (CC BY-SA 4.0) or (CCO 1.0). We give appropriate attribution credit and indicate if change were made in the acknowledgements field. All our books utilize only fonts licensed under the SIL Open Font License or other free use license.

Questo libro è stato scritto per contribuire a dare il giusto rilievo storico alla figura di uomo e combattente di Umberto Bardelli, e per cercare di far risentire, ai Veterani che lo conobbero, la voce del loro Comandante e commilitone.

Andrea Lombardi   Genova, 2006

agli uomini di mare e di guerra
caduti vegliando in armi per la loro gente

Titolo: **IL COMANDANTE UMBERTO BARDELLI UNA BIOGRAFIA** di Andrea Lombardi
ISBN code: 9791255891529 Seconda edizione Luglio 2024
Code.: **ISE-079** Cover & Art Design: Luca S. Cristini & Anna Cristini
Italia Storica is a trademark of Luca Cristini Editore, via Orio 35/4 - 24050 Zanica (BG) ITALY. www.soldiershop.com

ANDREA LOMBARDI
CON LA COLLABORAZIONE DI MARIO MENICHETTI

IL COMANDANTE UMBERTO BARDELLI

UNA BIOGRAFIA

INDICE

Un delfino nel cerchio: Umberto Bardelli, Sommergibilista nella Regia Marina..................pag. 5

8 settembre 1943: da Taranto a Trieste..................pag. 13

La Decima MAS: dal Maestrale al Barbarigo..................pag. 21

Colpo di mano in Flottiglia..................pag. 27

Marinai in buca: il Barbarigo a Nettuno..................pag. 31

Undici morti ad Ozegna..................pag. 35

Considerazioni sullo Stato di Servizio del Comandante Bardelli, di Mario Menichetti.....pag. 41

Ricordo di Umberto Bardellidi, di Paolo Posio..................pag. 75

1944 - 3 giugno 2005, di Raffaella Duelli..................pag. 77

Lettera aperta a "Piero Piero", di Mario Tedeschi..................pag. 78

Il Comandante Umberto Bardelli, di Mario Sanvito e R.C. ....pag. 83

Bibliografia..................pag. 103

UN DELFINO NEL CERCHIO:
UMBERTO BARDELLI, SOMMERGIBILISTA NELLA REGIA MARINA

Umberto Mario Adriano Bardelli nasce a Livorno l'11 marzo del 1908, da Artemisio Bardelli e da Emma Cristiani.

Dopo aver frequentato il Ginnasio, Umberto Bardelli entra il 18 ottobre 1924, a sedici anni, nella Regia Accademia Navale, iscritto al Corso per Ufficiali Macchinisti come Allievo (Decreto del 17 novembre 1924), ed è quindi arruolato come Volontario nel C.R.E.M. per la ferma di quattro anni dalla nomina ad Ufficiale[1].

Umberto Bardelli, alla data della sua morte, aveva quindi passato venti anni della sua vita al servizio dell'Italia.

I primi imbarchi d'addestramento saranno svolti dall'Allievo Bardelli sulle Regie Navi *Ferruccio*, *Vespucci*, *Pisa* e *Pacinotti*.

Dall'otto luglio 1925 al 16 febbraio 1930 Bardelli trascorrerà sedici mesi imbarcato su queste navi.

Il *Ferruccio* era un vecchio Incrociatore Corazzato (8.100 tsl), con propulsione a vapore e caldaie a carbone, utilizzato per l'addestramento degli Allievi, il *Vespucci* era un Incrociatore a vela e vapore (2.890 tsl), predecessore del *Vespucci* (varato il 22 marzo 1930 ed operativo dal 1931) che ancora adesso solca i mari, l'Incrociatore Corazzato *Pisa* (10.600 tsl) un'altra obsoleta nave da guerra utilizzata come Nave Scuola, mentre il *Pacinotti* era una Nave - Appoggio Sommergibili (2.720 tsl).

Con decorrenza dal 7 novembre 1928 Bardelli è nominato Aspirante Sottotenente, e il 4 agosto 1929 presterà giuramento presso il Comando della Regia Nave *Pacinotti*; l'undici luglio 1929 è promosso Sottotenente del Genio Navale, con anzianità di grado 15 luglio 1929, dopo aver conseguito con successo gli esami presso la Regia Accademia Navale, Sezione Genio Navale.

Dal febbraio al maggio 1930 sarà imbarcato sul Regio Incrociatore Trieste.

Il 10 luglio 1930 è nominato Tenente del Genio Navale (G.N.), con anzianità di grado 15 luglio 1930.

In seguito a questo primo ed importante risultato per la sua futura carriera, il Tenente del Genio Navale Bardelli è destinato a Genova, a perfezionarsi presso la Scuola di Ingegneria Navale, dal 5 novembre 1930 al primo agosto 1931, e in seguito all'Ufficio Tecnico del Genio Navale di Trieste (agosto - ottobre 1931).

Sarà quindi nuovamente inviato a Genova, alla Scuola di Ingegneria Navale, dal primo ottobre 1931 al 28 luglio 1932, e tra il 10 settembre e il 29 novembre dello stesso anno.

Disponibile dal 28 luglio al 10 settembre 1931, è imbarcato per la prima volta su di un Sommergibile, il *Toti*, assegnato alla sua sala macchine, dal 19 novembre 1932 al primo marzo 1933, e quindi inizia una lunga serie di imbarchi sul Regio Sommergibile *Menotti*, dal primo marzo 1933 al 16 novembre 1933, per un totale di otto mesi di navigazione.

Le sale macchine dei sommergibili sono molto diverse da quelle delle grosse navi, vaste, su più piani e con grandi apparati di propulsione: le macchine di un sommergibile, solitamente due Diesel, sono collocate invece in un buco angusto nel quale i due enormi motori con tutte le loro apparecchiature ausiliarie sembrano animali addossati l'uno all'altro. Attorno, anche il più piccolo spazio tra il groviglio di condutture è stato sfruttato: oltre alla pompa di circolazione dell'acqua per il raffreddamento, la pompa dell'olio, il filtro dell'olio, le bombole d'aria compressa per l'avviamento, la pompa per la mandata dell'olio. In mezzo, manometri, termometri, indicatori di sbandata e altri strumenti vari.

Questo ambiente stretto, caldo e pervaso dell'odore acre dell'olio, della nafta e del sudore, ma così vitale per il sommergibile, sarà per anni il regno governato dalla mano sicura di Umberto Bardelli.

Seguiranno diversi periodi di imbarco sul Regio Sommergibile *Speri*, dal 16 novembre 1933 all'11 agosto 1936, compreso un imbarco di un anno, quattro mesi e nove giorni ed un altro di dieci mesi e cinque giorni.

Umberto Bardelli, promosso Capitano del Genio Navale il 18 luglio 1936, passerà quindi sul Regio Sommergibile *Bandiera* (stessa classe del *Menotti*), trascorrendo quindici mesi in navigazione su questa unità, dall'agosto 1936 al 14 novembre 1937. Parte di questo periodo vedrà Bardelli a Massaua, città portuale dell'Eritrea sul Mar Rosso e Base Sommergibili della Regia Marina nell'Africa Orientale Italiana.

Il 21 ottobre 1934 Umberto Bardelli convola a nozze con l'amata Luigia Maresca, dalla felice unione nascerà una

---

[1] I periodi di imbarco di Umberto Bardelli, le navi sulle quali ha prestato servizio, le promozioni e le onorificenze conferitegli sono desunte dal suo Fascicolo Matricolare, riprodotto in appendice.

figlia, Serena.

Il 15 dicembre 1937 Bardelli viene destinato a Taranto, all'Ufficio Allestimento Sommergibili, dove rimarrà sino al 10 febbraio 1938, per contribuire all'allestimento del Regio Sommergibile *Brin*.

Il partecipare alla fase vitale dell'allestimento di una unità navale e dei suoi complessi macchinari, come Bardelli farà in più occasioni, è certamente indice della sua bravura e competenza di Ufficiale del Genio Navale.

Dal 10 febbraio al 28 marzo e dal 16 maggio al 14 giugno 1938 è invece all'Ufficio Allestimento Sommergibili di Monfalcone, per l'allestimento del Sommergibile *Nani*. Quindi sarà destinato allo stesso Ufficio, ma a Taranto, dal 13 aprile al 15 aprile 1939 e dal 6 luglio al primo ottobre 1939.

Parteciperà anche all'allestimento del Regio Sommergibile *Console Generale Liuzzi* dal primo ottobre al 22 novembre 1939.

Dal 28 marzo 1938 al 27 giugno dello stesso anno avrà quindi la qualifica di Capo Servizio Genio Navale sui Sommergibili *Nani* e *Speri*, mentre dal 30 settembre 1938 al 20 maggio 1940 presterà servizio sui Sommergibili *Da Procida*, *Guglielmotti*, *Archimede* e *Liuzzi*.

È insignito in questo periodo della Medaglia Commemorativa per la spedizione in Albania.

All'inizio della guerra Umberto Bardelli era quindi uno dei più esperti Ufficiali del Genio Navale della Regia Marina, avendo dato prova delle sue capacità per più di sessanta mesi di servizio su Sommergibili!

Il 20 maggio 1940 Umberto Bardelli sarà imbarcato sul Sommergibile *Zoea*, unità che faceva parte della 48a Squadriglia del Gruppo di Taranto.

Il Sommergibile Posamine *Zoea*, della classe *Foca*, capace di portare venti mine in camera centrale e sedici in tubi, per un totale di trentasei mine, fu costruito dai Cantieri Tosi di Taranto. Impostato il 3 marzo 1936, fu varato il 5 dicembre 1937 e consegnato alla Regia Marina il 12 febbraio 1938.

Il 10 giugno 1940 l'Italia entra in guerra: quello che sembrava essere solo l'ennesimo imbarco si trasforma per il Capitano Bardelli nella sua prima missione di guerra.

Il *Zoea* all'inizio del conflitto sarà impiegato assieme al pariclasse *Atropo* come Sommergibile - Trasporto, infatti il 18 giugno 1940 salperà da Napoli per Tobruk portando un carico urgente di sessanta tonnellate di proiettili da 20, 37 e 47 mm per il *REI*.

Altre missioni di trasporto del *Zoea* e dell'*Atropo* raggiungeranno l'isola di Lero.

Quindi il *Zoea* opererà, nel Mediterraneo Orientale, compiendo diverse missioni di deposizione di mine subacquee, assieme all'*Atropo*. Durante una di queste missioni, effettuata nelle acque palestinesi nell'ottobre 1940, l'*Atropo* fu costretto a rientrare a causa dei danni subiti dall'esplosione di due delle sue mine durante la deposizione delle stesse. Lo *Zoea* continuerà la missione da solo, terminando di posare lo sbarramento di mine.

L'alta professionalità e la dedizione di Bardelli, già ampiamente dimostrata in pace, sarà confermata anche nelle dure condizioni della realtà dalla guerra sottomarina.

Per il suo comportamento nell'operazione di posa di mine sopra descritta gli è infatti assegnata la Medaglia di Bronzo al Valor Militare, denominazione del 10 febbraio 1941, con la seguente motivazione:

"*Direttore di macchina di sommergibili posamine, durante un'ardita missione svolta in prossimità di una base nemica e conclusa con la posa di uno sbarramento, coadiuvava con esemplare serenità d'animo, perizia e coraggio il suo Comandante, contribuendo efficacemente con la sua opera fattiva a sormontare gravi difficoltà causate da avarie del materiale*". (Mediterraneo Orientale, 7-22 ottobre 1940-XVIII)

Dopo queste missioni con il *Zoea*, il Capitano G.N. Bardelli sarà impegnato dalla fine di ottobre del 1940 sul *Brin*, uno dei Sommergibili assegnati alla Base Atlantica di Bordeaux, *Betasom*.

Il sommergibile oceanico *Brin*, della omonima classe, fu costruito dai Cantieri Tosi di Taranto. Impostato il 3 dicembre 1936, fu varato il 3 aprile 1937 e consegnato alla Regia Marina il 30 giugno 1938.

Il *Brin*, dopo aver effettuato alcune missioni, senza successo, nel Mediterraneo, ricevette nell'ottobre 1940 l'ordine di recarsi a *Betasom*.

Bardelli opererà in qualità di Direttore di Macchina sul *Brin* dal 25 ottobre 1940 al 16 febbraio 1941. Il sommergibile era comandato in questo periodo dal Comandante Longanesi Cattani, che si distinguerà poi anche sul *Da Vinci*. Il *Brin* affonderà, nelle sue cinque missioni in Atlantico, due navi per 7.241 tsl, danneggiando altre due navi per 3.400 tsl.

Il *Brin* parte il 25 ottobre 1940 da Taranto per Bordeaux, e durante il passaggio, in immersione, dello stretto di Gibilterra, il sommergibile, spinto dalle forti correnti, subì danni urtando due volte sul fondo, prima sulla sponda setten-

trionale e più tardi una seconda su quella meridionale. A quel punto, il Capitano G.N. Bardelli dirà al Comandante Longanesi Cattani: "La prossima volta sbattiamo a Cuba!", dicendo questa frase a bassa voce, e "con il più corretto dei saluti", in modo che lo scherzo non potesse essere udito dagli altri uomini impegnati in camera di manovra[2].
Poco dopo, secondo la relazione del Comandante Longanesi Cattani:

In base alla rapida diminuzione di fondale e alle condizioni di scarica della batteria che non mi permettono di oppormi alla corrente giudico che un'ulteriore permanenza in immersione produrrebbe l'incaglio dell'unità. Appena emerso mi accorgo di essere in prossimità della costa africana a circa due miglia a nord - est di Capo Malabata. La bussola, probabilmente per trascinamento della rosa, a causa dell'urto contro la costa, era derivata di centottanta gradi[3].

Costretto quindi all'emersione, e ritrovatosi a poca distanza dal porto neutrale di Tangeri, il *Brin* fu intercettato da due Cacciatorpediniere inglesi: il *Brin*, sfuggendo alla caccia del *Destroyer Greyhound*, che tenterà anche di speronarlo, riuscirà ad ancorarsi a Tangeri assieme al *Bianchi* per riparare i danni sofferti, e, posto rimedio alle avarie grazie anche a tecnici italiani, i due sommergibili ripartirono nella notte tra il 12 ed il 13 dicembre 1940 per Bordeaux, dove giunsero il 18 dicembre[4].
Come premio ai suoi sforzi, coronati da successo, per rimettere in condizioni operative il *Brin*, non tarderà a giungere un ulteriore riconoscimento per Bardelli, un Encomio Solenne:

"In località lontana dalla base contribuiva in modo efficace con tenacia ed entusiasmo, a ripristinare rapidamente la piena efficienza del proprio sommergibile danneggiato da offesa nemica". (Oceano Atlantico, dicembre 1940)

Il *Brin*, prima di arrivare a Bordeaux, si scontrò in superficie con il sommergibile inglese *Tuna*, ma nonostante un nutrito scambio di siluri e cannonate nessuna delle due unità riportò danni.
Ecco come nel 1961 il Comandante del *Tuna*, il Capitano di Vascello Cavenagh-Mainwaring, riportò a Longanesi Cattani, ormai non più suo nemico, ma anzi suo collega nella *NATO*, la sua versione di questo combattimento:
All'avvistamento, contro luna, il *Tuna* scambiò il mio *Brin* per un altro sommergibile inglese che egli sapeva trovarsi in zona vicina, e perciò prese l'iniziativa di fare il segnale di scoperta la cui "parola" corrispondeva, per una coincidenza del tutto accidentale, alla nostra "parola" di quel giorno.
Quando risposi alla sua "parola", che mi risultava esatta, il *Tuna* non ebbe più dubbi sulla mia qualità di avversario poiché la mia "controparola" non corrispondeva alla sua, ed iniziò l'azione con lancio di siluri e tiro di cannone.
In totale egli lanciò contro il *Brin* due salve di siluri: la prima di sei siluri e la seconda di quattro, che il *Brin* poté evitare miracolosamente con la manovra, poiché eravamo già in allarme.
Egli afferma -non so se per cortesia- di aver a sua volta potuto evitare il mio lancio di una coppiola di siluri per pochissimi metri.
Il *Tuna* poté controllare la distanza (che rimase sui 1.000 metri per tutta la durata dello scontro) mediante il suo ecogoniometro e poté utilizzare tale strumento per regolare il tiro e per l'apertura delle salve al lancio dei siluri.
Il *Tuna* ruppe il combattimento prendendo l'immersione poiché ritenne, erroneamente, di aver identificato nelle sagome di due pescherecci oscurati quelle di due C.T. che presumeva venissero come mio rinforzo. Benché io abbia garantito al Comandante Cavenagh-Mainwaring di essere passato metri da quelle due unità e di averle riconosciute senza possibilità di equivoco come due pescherecci, egli mi è sembrato poco convinto della mia precisazione, così come mi è sembrato poco convinto del fatto... che il *Brin* avesse l'unico cannone a poppa, anziché a prora come la maggior parte dei nostri sommergibili[5].
Sbarcato a Bordeaux del *Brin*, Bardelli fu assegnato al Sommergibile *Reginaldo Giuliani* dal 16 febbraio 1941 al primo febbraio 1942.
Il *Giuliani*, un Sommergibile Oceanico classe *Liuzzi* fu impostato dai Cantieri Tosi di Taranto il 13 marzo 1939, varato il 3 dicembre dello stesso anno e consegnato il 3 febbraio 1940. I Sommergibili classe *Liuzzi* erano ben conosciuti da Bardelli, che aveva prestato la sua opera nell'allestimento del *Console Generale Liuzzi* nel ottobre-novembre

---

2 Trizzino, Antonino, *Sopra di noi l'oceano*, Milano, 1967, p. 25.
3 Ibid., p. 25.
4 Ibid., p. 32.
5 Giorgierini, Giorgio, *Uomini sul fondo*, Milano, 1994, p. 460.

1939.

Dopo alcune missioni in Mediterraneo, il *Giuliani* fu modificato per operare in Atlantico e inviato a Betasom, dove giunse il 5 ottobre 1940. Operante in Atlantico, fu destinato a Gotenhafen (oggi Gdynia) per l'addestramento del personale sui nuovi metodi di guerra al traffico oceanico. Prima della partenza il Capitano di Corvetta D'Elia cedette il comando al Capitano di Fregata Vittore Raccanelli che lo assunse per il solo viaggio di trasferimento.

Bardelli sarà imbarcato come Direttore di Macchina del *Giuliani* poco prima di questa crociera; il Sommergibile partirà da Bordeaux il 16 marzo 1941, giungendo a Gotenhafen, alla sezione di tattica italiana (*Marigammasom*), presso la Scuola Sommergibili tedesca, il 6 aprile 1941. All'arrivo, il C.F. Raccanelli, destinato sull'Incrociatore *Bande Nere*, passò il comando al C.C. Adalberto Giovannini. Il *Giuliani* rimarrà nella base germanica per circa un anno, a disposizione degli Ufficiali italiani iscritti alla Scuola Sommergibili, e mentre Ufficiali ed equipaggi saranno introdotti alle vincenti tattiche di combattimento subacqueo tedesche, al Capitano del Genio Navale Bardelli saranno svelate le soluzioni tecniche adottate nella costruzione e nell'armamento degli *U-Boot*.

Nella sua permanenza a Gotenhafen, Bardelli incontrerà il Comandante Enzo Grossi, con il quale stringerà una salda amicizia che sarà riconfermata in diverse occasioni nei drammatici mesi del 1943-1944[6].

Il Capitano G.N. Bardelli ritornò quindi in Italia nel febbraio 1942, perché assegnato all'Ufficio Allestimento Sommergibili di Taranto, dove rimarrà sino al 20 ottobre 1942.

Rientrato a Bordeaux nel maggio 1942, il *Giuliani*, comandato dal Capitano di Fregata Giovanni Bruno, affondò in Atlantico, nell'agosto 1942, i mercantili *Medon* (5.444 tsl), *California* (5.441 tsl) e *Sylvia de Larrinaga* (5.218 tsl), per un totale di 16.103 tsl, danneggiando anche un mercantile di 4.300 tsl.

Il 18 ottobre 1942 Bardelli fu promosso Maggiore del Genio Navale, con anzianità di grado dal 9 ottobre 1942; il 21 dello stesso mese veniva imbarcato sulla moderna Corazzata *Vittorio Veneto*, classe *Littorio*, sulla quale rimarrà sino al 6 dicembre 1942.

La *Vittorio Veneto*, dislocante 45.900 tsl, aveva un armamento principale di 9 pezzi da 381/50 e uno secondario di 12 pezzi da 152/55. Le sue macchine, dalla potenza di 140.000 cavalli-vapore, la spingevano ad una velocità di 30 nodi.

Dal 6 dicembre al 27 dicembre 1942 Bardelli prestò servizio sul Cacciatorpediniere *Bombardiere*, impegnato dal novembre 1942 nella scorta dei convogli verso la Tunisia: la "rotta della morte".

Il *Bombardiere*, che aveva già diverse missioni di scorta al suo attivo, e sotto la guida del Comandante Giuseppe Moschini aveva respinto diversi attacchi di aerei e sommergibili alle navi da esso scortate, era un Cacciatorpediniere classe *Soldati* seconda serie, costruito dai Cantieri Navali Riuniti di Ancona. Impostato il 7 ottobre 1940, fu varato il 23 marzo 1942 e consegnato il 15 luglio dello stesso anno. Armato di 4 pezzi da 120/50, 8 mitragliere da 20/65 e 6 siluri, aveva un dislocamento 2.460 tsl, ed era dotato di macchine dalla potenza di 50.000 cavalli, che gli conferivano una velocità di 37 nodi.

Il 17 gennaio 1943, solo due settimane dopo lo sbarco del Maggiore G.N. Bardelli dal Cacciatorpediniere, il *Bombardiere* fu affondato dal Sommergibile inglese *United*.

Dal 28 dicembre 1942 al 20 maggio 1943 il Maggiore Bardelli sarà imbarcato nuovamente sulla Nave da Battaglia *Vittorio Veneto*. Nel giugno 1943, il Maggiore G.N. Bardelli fu decorato della Croce di Guerra al Valor Militare:

Croce di Guerra al Valor Militare

"*Direttore di macchina di sommergibile, partecipava a numerose missioni dando prova di costante combattività, spirito di sacrificio ed elevato sentimento del dovere*". Determinazione del 13 giugno 1943.

Bardelli fu quindi assegnato, dal 22 maggio al 31 agosto 1943, sull'Incrociatore Leggero Posamine *Scipione Africano*, l'ultimo varato della classe *Capitani Romani*, con la qualifica di Capo Servizio Genio Navale.

Lo *Scipione Africano* fu costruito dai Cantieri Odero-Terni-Orlando di Livorno. Impostato il 28 settembre 1940, fu varato il 12 gennaio 1941 e consegnato alla Regia Marina il 23 aprile 1943.

Gli Incrociatori classe *Capitani Romani*, dislocanti 5.420 tsl, erano armati con 8 cannoni da 135/45, 8 cannoni contraerei da 37 mm e 8 mitragliere da 13.2 mm. La potenza dell'apparato propulsivo era di 110.000 cavalli, che portavano la velocità teorica di questi Incrociatori Leggeri, dotati di scarsa protezione, a ben 41-43 nodi. Sotto la guida esperta del Maggiore G.N. Bardelli le macchine dell'Incrociatore portarono lo *Scipione* a toccare più volte i 44 nodi, stabilendo il primato di velocità tra gli Incrociatori.

Nel maggio-luglio 1943 l'Incrociatore *Scipione* fu ormeggiato nei porti di La Spezia e di Genova, e, visto l'andamento delle operazioni terrestri in Sicilia, in previsione del blocco da parte Alleata dello Stretto di Messina, fu dato

---

6 Sanvito, Mario-R.C., *Il Comandante Umberto Bardelli*, s.l., 1944, p. 4.

ordine allo *Scipione* di forzare lo Stretto e di raggiungere Taranto.

Il 15 luglio 1943 l'Incrociatore *Scipione* lasciò l'ormeggio, ed il 17 luglio fu coinvolto in uno scontro notturno con quattro *M.T.B.*, tra le quali la *M.T.B. 315*, comandata dal *Leutnant* Newell, e la sua gregaria *M.T.B. 316*, mentre era impegnato nella difficile missione del forzamento dello Stretto. In un confuso scontro notturno lo *Scipione* colpì con il fuoco delle sue artiglierie la *M.T.B. 316*, che affondò con tutto l'equipaggio, riuscì ad evitare l'offesa delle altre motosiluranti, letteralmente gareggiando in velocità coi siluri lanciati contro di esso, e danneggiò gravemente un'altra motosilurante inglese, giungendo poi senza danni a Taranto il 18 agosto 1943.

L'Incrociatore *Scipione* era dotato del radar *E.C. 3ter Gufo*, che probabilmente rilevò per tempo le *M.T.B.*, consentendo all'equipaggio di apprestarsi alla difesa[7].

In questa battaglia il Maggiore del Genio Navale Bardelli ricevette la sua seconda Medaglia di Bronzo al Valor Militare, con la seguente motivazione:

"Capo Servizio G.N. di Incrociatore leggero in una missione particolarmente rischiosa, assicurava con la propria opera competente ed esperta il felice esito della missione stessa.
Attaccata l'unità di notte da motosiluranti nemiche, era di esempio agli inferiori, con coraggio e serenità, contribuendo così al vittorioso esito dell'azione, che portò all'annientamento di tre delle quattro unità attaccanti".
Determinazione del 17 agosto 1943.

Tra il 4 ed il 17 agosto lo *Scipione* portò a termine diverse rischiose missioni di posa di sbarramenti di mine nel Golfo di Taranto ed al largo della Calabria, sfidando gli aerei e le navi Alleate che tentavano di impedire l'evacuazione via mare delle forze italo - tedesche dalla Sicilia.

Il 31 agosto il Maggiore G.N. Bardelli sbarcava dall'Incrociatore *Scipione* a Taranto. Certamente, mentre scendeva lo scalandrone che lo portava sul molo, non immaginava né che quello appena conclusosi sarebbe stato il suo ultimo imbarco su di una Nave da Guerra, né l'abisso nel quale sarebbe sprofondata l'Italia da lì a pochi giorni.

---

7 Le MTB che avevano attaccato lo *Scipione* erano delle *MTB Vosper* tipo 1941. Molte *MTB* di questa classe furono costruite negli USA, nel quadro del Patto *Lend-Lease*, da lavoratori della *Vosper* inviati nei Cantieri americani. La maggior parte di queste motosiluranti operò nel Mediterraneo e nell'Oceano Indiano. Diverse *MTB* operanti nel Mediterraneo avevano equipaggio neozelandese, come quelle affrontate con successo dallo *Scipione*.
Caratteristiche tecniche:
Lunghezza 22.1 metri, larghezza 5.9 metri, potenza 4.050 cavalli, velocità 39.5 nodi, dislocamento 37 tsl, armamento 2 tls da 533 mm, 1 mitragliatrice binata .50 oppure una mitragliera *Oerlikon* da 20 mm, equipaggio 12 uomini.
MTB tipo 1941 costruite:
MTB 222 - 241, MTB 246 - 257, MTB 258 - 326 (Costruzione USA, *259 - 268* progetto *Elco*), *MTB 327 -331, MTB 344 - 346* (Sperimentali).

In questa e nelle pagine successive, Umberto Bardelli in servizio nella Regia Marina.

8 SETTEMBRE 1943: DA TARANTO A TRIESTE

Mentre Umberto Bardelli era imbarcato sullo Scipione Africano, sua moglie Lisetta, la sua famiglia e la figlia Serena erano temporaneamente residenti a Sava, in provincia di Taranto, dove erano sfollati. Quindi, nelle parole della figlia Serena Bardelli Rattazzi:

> Lì, ai primi di luglio 1943, mamma ricevette una lettera in cui babbo le chiedeva di raggiungerlo con me a Spezia, dove avremmo atteso l'inizio della sua licenza di convalescenza alla fine del mese, per poter poi proseguire con lui per Laurana, in Istria, vicino ad Abbazia, dove i nonni Bardelli avevano una casa sul mare. Mamma ed io siamo arrivati a Spezia il 16 luglio, ignare del fatto che il giorno prima lo Scipione era partito per Taranto, fatto comunicatoci da Valerio Borghese, che ci aveva aspettato alla stazione e che ci portò all'Albergo delle Palme, a Lerici, dove rimanemmo sino alla fine del mese, mentre mio padre terminava il suo periodo di servizio sullo Scipione a Taranto[8].

Il Maggiore G.N. Bardelli fu posto in licenza di convalescenza il primo settembre 1943, e recatosi a Laurana, trascorse qualche giorno circondato dagli affetti familiari e dedicandosi ad uno dei suoi hobby, il disegno. Abile disegnatore, Bardelli passerà la notte tra il 7 e l'8 settembre disegnando più di 500 soldatini per i suoi nipoti[9].
L'otto settembre 1943, alla notizia dell'Armistizio, dopo un primo, profondo, momento di rabbia e costernazione, Bardelli decise immediatamente di lasciare Laurana, ritenuta troppo vicina al confine, raggiungendo casa Bardelli a Trieste. Quindi, come vedremo tra poco, si adopererà con il suo consueto coraggio per contribuire alla difesa dell'Istria.
Nell'Istria la situazione era infatti critica: approfittando dello sbandamento della maggior parte delle unità italiane, gli irregolari slavi, appoggiati da elementi italiani comunisti, arrivarono a controllare le vie di comunicazione della regione, e, forti delle armi e degli equipaggiamenti abbandonati dal R.E.I., iniziarono a premere verso i centri abitati, rimasti isolati.
Ma, a fronte dello sfascio di molti reparti delle FF.AA. Regie, altre unità italiane, dopo aver preso accordi con i tedeschi, tentano di opporsi ai montanti attacchi slavi.
A Pola il Capitano di Fregata Alessandro Mirone radunerà i marinai rimasti, costituendo una unità di formazione di Fucilieri di Marina, e, assieme a elementi della 60a Legione Camice Nere, difenderà la periferia dell'importante base navale, comprendente il grande ospedale della Marina, dalle bande partigiane.
L'unità di formazione citata sarà poi denominata Battaglione Fucilieri di Marina - Pola, e posta al comando del Tenente di Vascello Carlo Russo.
Per rinforzare il presidio fu organizzata a Trieste una colonna motorizzata italo - tedesca, che doveva dirigersi su Pola attraversando l'Istria.
La colonna, al comando dell'*Hauptmann* Weigand e dello *Sturmbannführer* Hertlein, era costituita da reparti della *Heer*, delle *SS*, di volontari fascisti di Trieste e di Legionari del 134° Battaglione Camicie Nere, e il 12 settembre 1943 mosse verso Pola[10].
Il Maggiore G.N. Umberto Bardelli, appena arrivato a Trieste, si mise in divisa ed andò al Comando Marina, e, subito dopo, probabilmente perché non aveva avuto alcun ordine, e vista la confusione e lo sfascio delle forze militari italiane nella città, si presentò al Comando tedesco, dove gli fu ordinato di imbarcarsi su di una nave tedesca conducente azioni di guerra a Pola[11].
Quando Bardelli tornò da Pola venne a conoscenza, probabilmente da un collega della Marina o da un altro Ufficiale, del fatto che il Comandante Junio Valerio Borghese era rimasto al suo posto a La Spezia, e che non aveva ammainato la bandiera italiana dalla Caserma della Decima MAS.
Decise allora di raggiungere Borghese, e con sua moglie, sua figlia e la fedele cameriera Ferruccia, partì da Trieste verso Spezia, con una autovettura e due camion di volontari, autorizzato dai tedeschi che gli rilasciarono un *Ausweis*, regolare permesso di transito[12].

---

[8] Lettera all'autore della Signora Serena Rattazzi Bardelli, 2005.
[9] Conversazione telefonica con l'autore dell'Ing. Fernando Bardelli, 2005.
[10] Arena, Nino, *R.S.I. Forze Armate della Repubblica Sociale*, Parma, 1999, pp. 314-315.
[11] Lettera all'autore della Signora Serena Rattazzi Bardelli, 2005.
[12] Lettera all'autore della Signora Serena Rattazzi Bardelli, 2005.

Successive operazioni di forti reparti tedeschi, assieme a truppe italiane, portarono alla stabilizzazione dell'Istria (2-10 ottobre 1943), e l'impiego di altre Grandi Unità tedesche e forze di controguerriglia portarono il *IX Korpus* a ritirarsi, alla fine del 1943, verso le zone dell'interno.

Se la partecipazione del Maggiore Bardelli ai combattimenti terrestri per Pola è indicata da fonti indirette (Arena e Sanvito), il Sottotenente Paracadutista Bordogna, in una testimonianza personale, riferisce come il 17 settembre 1943:

> Arrivai a Trieste dopo diverse peripezie sempre in divisa: incontrai a Trieste il Maggiore del Genio Navale Bardelli colà inviato dal Comando Xa per recuperare materiale dell'arsenale di Pola. Riuscimmo ad armare una nave, trasferirla a Trieste e con un camion portare il materiale recuperato a La Spezia[13].

Questo viaggio avrebbe portato Bardelli non più tra le onde del mare, ma tra le buche e il fango dei combattimenti di terra.

La sua volontà di servire la Patria, in un caso o nell'altro, rimase la stessa.

La Regia Nave Pacinotti.

L'Incrociatore Trieste

---

13 Lettera all'autore del Tenente Mario Bordogna, 2005. Bordogna fu l'Ufficiale d'Ordinanza di Bardelli, e dopo essere stato assegnato alla Compagnia Comando del *Barbarigo* a Nettuno divenne l'Ufficiale d'Ordinanza del Comandante Junio Valerio Borghese.

Il Sommergibile Toti.

Dall'alto in basso: i Sommergibili Bandiera, Nani *e* Procida.

Sommergibili in bacino e la camera di manovra di un Sommergibile.

La camera di manovra di un Sommergibile.

La camera di manovra di un Sommergibile e la guardia agli idrofoni.

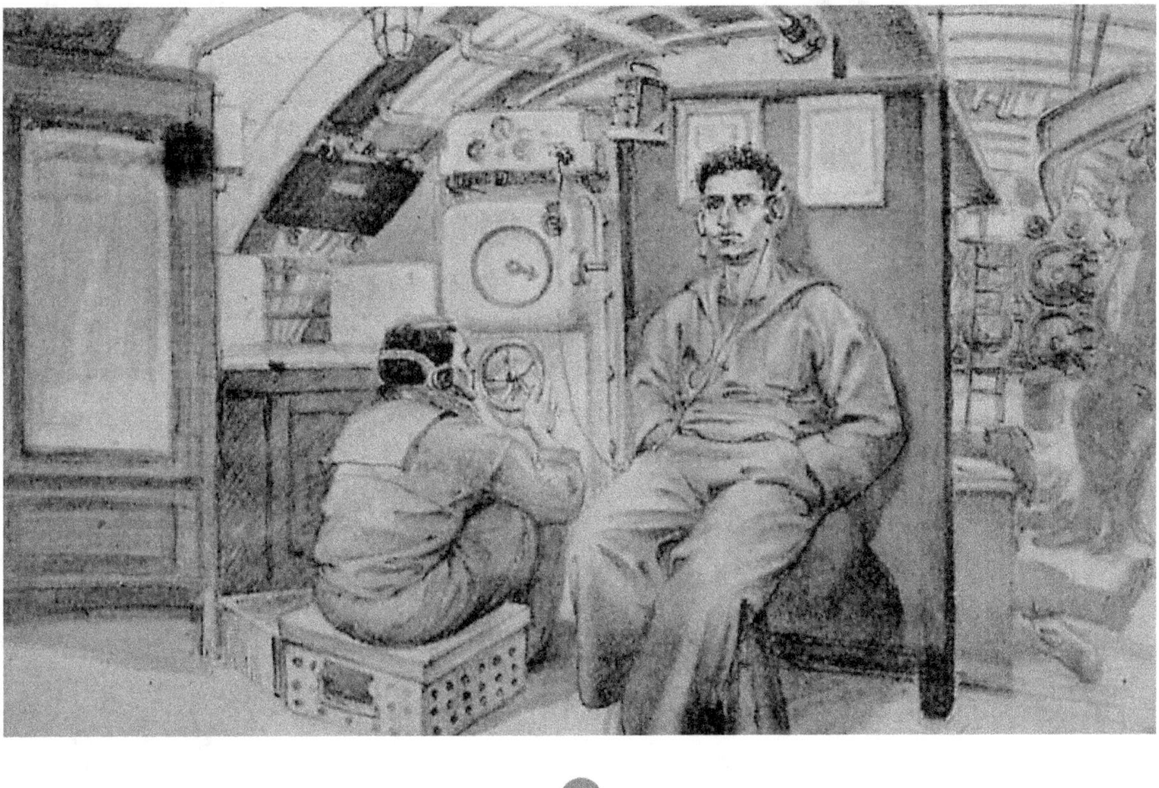

La camera di manovra di un Sommergibile durante un'esercitazione.

LA DECIMA MAS: DAL MAESTRALE AL BARBARIGO

Dopo questo periodo drammatico, Bardelli raggiunse il 19 settembre 1943 la caserma del Muggiano con la sua famiglia, il Sottotenente Paracadutista Mario Bordogna, tre autocarri ed un automezzo trasportanti ventisette marinai e materiale di equipaggiamento prelevato dall'Arsenale di Pola[14].

La fama della M.O.V.M. Borghese tra gli Ufficiali dell'Arma Subacquea italiana, e l'essere entrambi Sommergibilisti, furono tra le circostanze che portarono Bardelli alla Decima MAS nel settembre 1943. Borghese non poteva non avere fiducia, in un momento così grave, di un combattente pluridecorato ed esperto come Bardelli.

Anche Ligetta Bardelli renderà un prezioso servizio alla Decima MAS, arruolandosi come volontaria civile nell'Ufficio Assistenza Decima. Nel dopoguerra Luigia Maresca Bardelli e Raffaella Duelli, attiveranno, assieme a Mario Bordogna, un centro di assistenza per l'invio di pacchi ai Marò in campo di prigionia a Taranto.

Nel settembre-ottobre 1943, a causa dell'enorme afflusso di volontari, la Decima Flottiglia MAS, pur mantenendo i suoi reparti navali d'élite, stava formando quelli che sarebbero diventati i suoi primi Battaglioni di Fanteria di Marina, e che portarono in seguito alla formazione della Divisione F.M. *Decima*.

Sergio Nesi dà un ritratto vivido della formazione dei reparti di Fanteria di Marina della Decima MAS, e del loro primo organizzatore, nonché Comandante del primo di questi reparti, il *Maestrale*, Umberto Bardelli:

> Alla fine di settembre i volontari erano già alcune centinaia [...] Tutti volevano riprendere la guerra a bordo dei mezzi d'assalto o dei M.A.S.; richieste ovviamente inutili per altrettanto intuibili motivi. Fu quindi giocoforza pensare di costruire una nuova X Flottiglia M.A.S., quella di terra, una Fanteria di Mare di nuovo tipo, ma sempre nelle caratteristiche dei Battaglioni "San Marco", i noti "Fanti de Mar". Il problema che nella Flottiglia gli Ufficiali e i Sottufficiali fossero tutti della Marina e molti di essi fossero Sommergibilisti fu superato dal fatto che la maggior parte dei volontari proveniva invece dall'Esercito. A capo di quella organizzazione da inventare di sana pianta fu però messo dal Comandante Borghese un Ufficiale di Marina, per di più un sommergibilista e per di più ancora un direttore di macchina. Era il Maggiore Umberto Bardelli, che, con il successivo ordinamento militare, divenne Capitano di Corvetta Fanteria di Marina. Era un uomo duro, magro, con il volto scavato e un monocolo perennemente incastrato nell'orbita sinistra, un formidabile organizzatore[15].

Bardelli, proprio perché proveniente dai Sommergibili, dove i rapporti tra Ufficiali e subordinati erano, per forza di cose, dati gli spazi ristretti e le condizioni di continuo contatto, più informali che in altre armi e specialità delle Forze Armate Regie e Repubblicane, era quindi particolarmente versato nel conquistare la fiducia dei Marò, in gran parte studenti e con l'entusiasmo dei volontari, entusiasmo che sarebbe svanito, o se non altro ridotto, da metodi di comando inutilmente autoritari, poco elastici e spesso affettanti una superiorità di "casta" prima che di grado, che erano deleteria caratteristica della maggior parte degli Ufficiali del Regio Esercito.

Con questo si spiega anche la predilezione di Bardelli nel reclutare Ufficiali delle Truppe Alpine; l'Ufficiale Alpino, come sinteticamente spiega il Guardiamarina Paolo Posio, proveniente proprio dagli Alpini:

> Non soltanto combatteva con i suoi uomini, ma viveva e mangiava con i suoi Alpini, e aveva la divisa infangata come loro[16].

Caratteristiche ideali, quindi, per dei Comandanti di truppe volontarie, spesso irrispettose verso gli Ufficiali che non erano stati in grado di conquistare la loro fiducia, ma capaci di mostrare una disciplina irreprensibile e un grande attaccamento verso i "loro" Ufficiali.

Il Capitano Bardelli fu senza dubbio, oltre che il primo Comandante, il creatore e l'anima del *Maestrale*, il primo Battaglione Fanteria di Marina a formarsi della Decima: molti futuri Ufficiali, Sottufficiali e Marò del Battaglione furono scelti direttamente da lui tra i moltissimi volontari, prescelti e subito sedotti dal carisma e dalla forza di volontà di questo eroe sommergibilista che stava adesso muovendo i primi passi come Ufficiale di Fanteria di Marina. Ecco come avvenne il reclutamento nel *Maestrale* del Tenente Paolo Posio:

---

14 Bordogna, Mario (a cura di), *Junio Valerio Borghese e la X Flottiglia MAS*, Milano, 1995, p. 43.
15 Nesi, Sergio, *Junio Valerio Borghese*, Bologna, 2004, p. 234-235.
16 Intervista dell'autore al Guardiamarina Paolo Posio, 2005. Posio fu uno tra i primi volontari nel *Maestrale*, poi *Barbarigo*, e, divenuto Comandante di Compagnia, combatté a Nettuno, nel Goriziano e sul Senio.

Il Guardiamarina Donini, Ufficiale degli N.P., mi invitò a recarmi a La Spezia e ad arruolarmi nei Nuotatori Paracadutisti.

La mattina successiva mi recai al Comando Battaglione reclute al quale ero stato nel frattempo assegnato e comunicai la mia volontà di trasferirmi alla Xª Flottiglia M.A.S., di cui fino a qualche ora prima neppure conoscevo l'esistenza.

La mia richiesta fu immediatamente accolta e mi presentai alla Caserma di S. Bartolomeo per essere arruolato nei Nuotatori Paracadutisti.

Mi fu rilasciato un modulo e fui avviato alla visita medica per accertare la sussistenza delle qualità fisiopsichiche atte a fare di me un paracadutista.

Sennonché mentre, diretto all'ambulatorio, percorrevo il vialone centrale molto affollato, mi sentii chiamare, con l'espressione "Alpino, dove stai andando?". Chi pronunciava queste parole era un Ufficiale Superiore indossante la divisa grigioverde della Xª, basco in testata e "caramella" incastrata all'occhio sinistro. Salutai e, in posizione di attenti, spiegai che ero diretto al luogo della visita medica per l'arruolamento negli N.P., mostrando il modulo che mi era stato rilasciato.

Era, come poi appresi, il Comandante Umberto Bardelli che preso il documento, lo stracciò e battendomi cordialmente sulla spalla mi disse: "Niente N.P., tu farai parte del Battaglione Maestrale", unità che egli stava costituendo. Fui veramente affascinato dal suo modo di fare fermo e cordiale e nulla opposi alla sua unilaterale decisione che segnava il mio destino.

> Mi fece piacere trovare uno come Bardelli, che era un uomo straordinario. [...] Era un uomo con una personalità affascinante. Fu quella che mi conquistò e che mi portò nella Compagnia di Cencetti...[17]

Tenente M.O.V.M. Alessandro Tognoloni:

> All'otto settembre ero Ufficiale di Complemento di Fanteria appena nominato e mi trovavo ad Arezzo. [...] Accettai di arruolarmi nella Repubblica Sociale e mi mandarono a Firenze. Lì, in un albergo, incontrai Bardelli, che mi colpì subito per il suo atteggiamento, così deciso e convinto. Non avevo ancora conosciuto Ufficiali Comandanti di quel tipo[18].

Sottocapo Egidio Cateni:

> Mi sentii sdegnato dal tradimento dell'otto settembre. Dopo aver sentito dire che a La Spezia c'era un reparto della Marina che era rimasto in armi mi recai subito là da Genova. Appena entrato nella caserma un Ufficiale con la "caramella", mi vide, mi chiamò, e dopo avermi velocemente squadrato (io ero alto e robusto, anche se molto giovane) mi disse "Tu vieni al *Maestrale*!". Mentre lo seguivo, mi immaginai subito a bordo di un cacciatorpediniere, alle mitragliere, mentre sparavo agli aerei nemici... quando mi dissero che il *Maestrale* era invece un Battaglione di Fanteria, mi caddero le braccia![19]

Marò Piero Calamai:

> Conoscevo il Comandante Bardelli fino dai primi giorni del *Maestrale*. Mi accolse con interesse perché i veterani erano indispensabili in un reparto di reclute. Mi chiamava per nome e quando passava in rassegna il reparto schierato si soffermava, mi scrutava con lo sguardo d'acciaio dietro la leggendaria "caramella" e poi si raddolciva nella solita bonaria raccomandazione di farmi la barba[20].

Non tutti gli "arruolamenti" di Bardelli andarono però a buon fine (ma si sa, l'eccezione conferma la regola...), come testimonia il Tenente di Vascello Sergio Nesi, già imbarcato sulla Regia Nave *Montecuccoli*:

Conobbi Bardelli solo di sfuggita, quando mi presentai alla Decima nel novembre 1943.
Egli mi vide e subito mi propose di comandare un Reparto di Fanteria di Marina; ma io, scherzosamente, gli risposi

---

17 Memoria inedita del Guardiamarina Paolo Posio e Tedeschi, Mario, *Sì bella e perduta... Storia del Battaglione Barbarigo e dell'amor di Patria*, Roma, 1994, p. 86.
18 Ibid., pp. 111-112.
19 Intervista dell'autore al Sottocapo Egidio Cateni, 2005. Marò, poi Sottocapo, nel Btg. *Barbarigo*, combatté a Nettuno, sul San Gabriele e sul Senio.
20 Calamai-Pancaldi-Fusco, *Marò della X Flottiglia MAS*, Bologna, 2002, p. 75.

che ero entrato in Marina perché "mi facevano male i piedi".
Al che lui mi gridò qualche insulto e mi urlò di andarmene ai Mezzi Navali![21]

Il Capitano Bardelli seppe sempre comunicare ai giovani Ufficiali e Marò, con poche, dirette parole, il fine ultimo del loro impegno, e ad essere la loro guida con il suo esempio personale, riuscendo così a elevare lo spirito di corpo e la tenuta morale dell'intera unità, che rimarrà salda, alla prova del fuoco, nonostante il sommario addestramento.

Sottotenente Mario Cinti:

Alla vigilia della partenza per il fronte, il Comandante del *Barbarigo*, Umberto Bardelli, che per noi era già una bandiera, riunì tutti gli Ufficiali a un gran rapporto per dire in sostanza: "So che il Battaglione non è perfettamente addestrato, ma questo, ora, non è molto importante. In questo momento l'Italia ha bisogno di mille uomini disposti a morire con eleganza. Chi non se la sente non è obbligato a venire"[22].

Marò Marcello Meleagri:

Come ci disse il Comandante Bardelli: "Noi siamo venuti a Roma per dimostrare a nemici ed amici che gli italiani sanno ancora combattere e morire per il loro paese"[23].

Marò Mario Tedeschi:

Tutti quelli con cui ho parlato di lui hanno messo in rilievo la sua grande personalità, più forte anche di quella di Borghese[24]!

Mentre a La Spezia, il 19 febbraio 1944, davanti al Battaglione schierato, prendendo la parola dopo il Comandante Borghese, il Capitano di Corvetta Bardelli pronunciò una frase che colpì certamente tutti gli effettivi del *Barbarigo*:

Ricordate che da questo momento siete morti!
Morti per il popolo che non vi vorrà riconoscere, morti per le ragazze che non vi guarderanno, morti per i vostri che non vi riconosceranno[25]!

Nell'aprile 1944, ricordando i Caduti del suo Battaglione, Bardelli aggiungerà:

Ma nessuno di voi è morto finché noi non morremo tutti. E fino a quando sarà in piedi uno del *Barbarigo* lo sarete anche voi[26].

Il Sommergibile Zoea *in navigazione.*

---

21 Conversazione telefonica con l'autore del TV Sergio Nesi, 2005. Nesi era stato un Ufficiale nei Reparti Navali della Decima MAS, e, protagonista dell'inconcludente raid su Ancona, che portò alla perdita del suo SMA, sarà catturato dagli Alleati, mentre i suoi uomini della Base Est di Pola, rimasti senza comandante, furono massacrati dagli slavi.
22 Lembo, Daniele, *I fantasmi di Nettunia*, Roma, 2000, p.125.
23 Ibid, p.117.
24 Tedeschi, Mario, *Sì bella e perduta... Storia del Battaglione Barbarigo e dell'amor di Patria*, Roma, 1994, p. 86.
25 Perissinotto, Marino, *Duri a morire, Storia del Battaglione Barbarigo*, Parma, 2001, p. 31.
26 *Barbarigo*, Giornale di guerra del Btg. "Barbarigo" del 1° aprile 1944.

Un Direttore di Macchina prende una boccata d'aria.

Lo smistamento della posta.

Il Sommergibile Posamine Zoea *nel 1938 (Cherini).*

Il Cacciatorpediniere inglese Greyhound, *che tentò di intercettare il Sommergibile* Brin *durante il forzamento dello Stretto di Gibilterra.*

Il Brin, rientrato a Betasom il 20 giugno 1941 dopo la sua terza missione in Atlantico (coll. Andò).

COLPO DI MANO IN FLOTTIGLIA

Nel novembre 1943 il Capitano Umberto Bardelli accompagnerà il Comandante Borghese in una delicata missione a Firenze. Come abbiamo visto, Bardelli aveva prestato servizio sul *Brin*, comandato dal Capitano di Corvetta Longanesi Cattani, e l'Ufficio di Reclutamento della Decima MAS di quella città era diretto proprio da Longanesi Cattani, valoroso e pluridecorato sommergibilista atlantico, di sentimenti filo monarchici, il quale era inoltre stato assegnato da Borghese come responsabile della sicurezza delle Duchesse d'Aosta, residenti in Palazzo Pitti. I sentimenti filo monarchici di Longanesi Cattani e la sua appartenenza alla Decima MAS potevano però mettere in difficoltà la Flottiglia presso le autorità della RSI, così, per risolvere con comune beneficio la situazione, il Comandante Borghese pose Longanesi Cattani in licenza illimitata.

Sia le Altezze Reali sia Longanesi Cattani non ebbero mai problemi dai tedeschi, neppure quando furono trasferiti, nel febbraio 1944, dopo lo sbarco a Nettuno, da Firenze ad una residenza a Hirschegg, una località tra l'Austria e la Cecoslovacchia.

Rientrati a La Spezia, il Comandante Borghese e Bardelli ripresero ad occuparsi dei problemi legati all'organizzazione della Flottiglia l'uno, e della formazione e dell'addestramento del *Maestrale* l'altro.

Il Sottotenente Bordogna, alle dipendenze del Comandante Bardelli, collaborerà alla preparazione del Battaglione, e sarà in seguito incaricato del comando della sua Compagnia Comando.

Un'altra situazione delicata, e che avrà un grande impatto sulla storia della Decima, si sviluppò il 28 dicembre 1943. In quel periodo, oltre l'*N.P.* ed il *Maestrale*, si stava ormai costituendo anche un terzo Battaglione, il *Lupo* (che darà poi alta prova di sé nel 1944/1945, sul Appennino bolognese e sul Senio), portando così alla formazione di un Reggimento Fanteria di Marina, denominato *San Marco*.

Questo numero considerevole di uomini armati ed equipaggiati, seppur con difficoltà, e anche grazie ai continui sforzi organizzativi di Bardelli, non sfuggì alle alte gerarchie politiche della *RSI*, che pensarono di ottenere facilmente uomini per le loro future azioni, e, inserendo nel comando della Flottiglia Ufficiali a loro fedeli, poter poi prendere in mano l'intera unità.

Così furono mandati a San Bartolomeo il Capitano di Vascello Nicola Bedeschi (quindi un grado superiore al Capitano di Fregata Junio Valerio Borghese) e il Capitano di Fregata Tortora, delegati al comando del costituendo Reggimento F.M. *San Marco*.

Le reazioni dei Marò non tardarono:

> I metodi dei due Ufficiali superiori per organizzare quel Reggimento ricalcarono i vecchi metodi del Regio Esercito, cercando di ripristinare superate usanze, in assoluto contrasto con le direttive fino ad allora impartite da Borghese. Tra le fila degli Ufficiali, Sottufficiali e Marò cominciò ben presto a diffondersi un vento di ribellione, in particolare contro Bedeschi[27].

La situazione non tardò a degenerare ulteriormente, e, il 9 gennaio 1944, mentre il comandante Borghese si recava a Levico, al Comando della *Kriegsmarine*, i Capitani Bardelli, Buttazzoni, Del Giudice e Riccio, assieme al Maggiore Riccitelli e ai Tenenti Bertozzi e Posio si riunivano, approfittando dell'assenza del Comandante, e, per risolvere risolutamente la situazione, misero in atto un piano decisamente ardito.

Durante la Messa della domenica, con uno stratagemma, attirarono Bedeschi e Tortora in una stanza dell'Ufficio Comando, e lì Bardelli, assieme agli altri Ufficiali, gli ingiunsero di consegnare le armi (!) e di considerarsi destituiti di ogni ruolo di Comando all'interno della Flottiglia.

In seguito Tortora e Bedeschi furono inviati al Reparto Politico della *GNR* di Firenze, accompagnati dal Sottotenente di Vascello Cencetti, mentre Bardelli comunicava agli Ufficiali del *Maestrale*, *N.P.* e *Lupo* l'avvenuto, riscontrando immediatamente una vera esplosione di entusiasmo!

Poco dopo giungeva al Capo della Provincia di La Spezia questa comunicazione, inviatagli dal Capitano di Corvetta Bardelli[28]:

> 1) Questa mattina 9 corr., rientrato al Rgt. San Marco, ho dovuto constatare che la situazione generale si presentava estremamente tesa a causa del malcontento maturatosi in seno ai vari Reparti -ufficiali, sottufficiali e truppa- nei riguardi del C.te del Rgt. Cap. di Vascello Bedeschi e del C.te in 2a Cap. di Fregata Tortora.
> A quanto mi consta i reparti stessi mal tolleravano che il Comando fosse impersonato dagli elementi citati in quanto

---

27 Nesi, Sergio, *Junio Valerio Borghese*, Bologna, 2004, p. 257.
28 Ibid., p. 260.

in varie occasioni per i sistemi adottati avevano denunziato una mentalità e degli orientamenti ormai superati, ciò nonostante le direttive impartite in proposito dal C.te Valerio Borghese, C.te della X Flotmas. Tale malcontento si è particolarmente accentuato dopo la secessione del Rgt. San Marco dalla X Flotmas, secessione provocata dal C.te Bedeschi. Devo a tale proposito precisare che la quasi totalità degli elementi componenti il Rgt. si è arruolata volontariamente alla X attratta dal carattere specificatamente fascista, patriottico ed entusiastico della organizzazione creata e voluta dal C.te Borghese.

2) Come sopra esposto la situazione questa mattina si presentava particolarmente delicata in quanto la quasi totalità degli ufficiali esprimeva apertamente il proposito di passare immediatamente a vie di fatto qualora da parte del Comando della X non si fossero eliminati definitivamente i motivi del malcontento.
Assente temporaneamente il C.te Borghese alla Sede per motivi di Servizio, ho ritenuto necessario ed urgente per evitare danni più gravi di procedere al fermo e al relativo allontanamento dalla Sede dei predetti due ufficiali facendoli accompagnare da ufficiali del Rgt. a Firenze.

3) Per quanto sopra esposto mi considero a disposizione dell'Eccellenza Vostra per ogni eventuale ordine.

9 gennaio 1944   Umberto Bardelli

Come vediamo Bardelli presenta l'accaduto in termini coincisi e rispondenti alla realtà, prendendosi inoltre l'intera responsabilità delle decisioni e degli atti che portarono all'arresto dei due Ufficiali.
Il giorno successivo il Comandante Borghese sarà ricevuto dal Sottosegretario Ferrini, e, non facendosi certo intimidire dalle minacce dell'alto funzionario, ribadirà che pur disapprovando l'operato non ortodosso dei propri subordinati, la responsabilità dell'accaduto fosse di Ferrini stesso.
Nel frattempo le voci dell'avvenimento giunsero anche a Mussolini, causando altre conseguenze politiche, culminate con l'arresto del Comandante Borghese il 13 gennaio 1944.
Mentre Borghese era interrogato sulla sua attività dal settembre 1943 in poi, Ferrini mandava un ultimo, diffamatorio telegramma al Comando Generale della GNR dove si paventava che il:

"maggiore g.n. BARDELLI [...] habet più volte dichiarato che in caso avessero cercato ostacolare sua opera si sarebbe dato alla macchia con i suoi uomini [...] Est naturalmente necessario che tali reparti prima di trasferirsi al Nord siano naturalmente epurati di tutti gli elementi irresponsabili che hanno partecipato [...] nel grave reato di insubordinazione e rivolta"[29].

Nel frattempo, il 14 gennaio 1944, il Capitano di Corvetta della Fanteria di Marina Umberto Bardelli prestava giuramento per la Repubblica Sociale Italiana presso il Comando della Decima MAS.
Nonostante le pressioni politiche e l'ostilità di parte dei Comandi della Marina Nazionale Repubblicana, il Comandante Borghese fu presto scarcerato, anche grazie all'appoggio del Comandante di Vascello M.O.V.M. Enzo Grossi, che si esporrà personalmente davanti al Duce, e alla grande considerazione che aveva la M.O.V.M. Borghese presso alcune autorità tedesche, il *Grossadmiral* Karl Dönitz in particolare.
Il Sottosegretario Ferrini fu quindi sostituito da Sottosegretario alla Marina, mentre:

"Il Battaglione nel quale si verificarono i noti episodi, per accordi intervenuti tra Graziani e Kesselring, verrà inviato subito al fronte di Nettuno, a insistente richiesta degli stessi suoi componenti. Non c'è alcun dubbio che si farà onore; è formato da un complesso di magnifici ufficiali e soldati"[30].

Il Battaglione designato dal Comandante Borghese sarà il *Maestrale*, perché l'*N.P.* avrebbe dovuto operare principalmente dietro le linee nemiche.
Dopo questa decisione si doveva scegliere a chi spettasse il comando del Battaglione da inviare in linea: la scelta del Comandante Borghese cadde su Bardelli.
Ciò fece infuriare il Capitano Buttazzoni, abile Comandante dei *Nuotatori Paracadutisti*, che avrebbe voluto questo privilegio per lui in prima istanza, e, secondariamente, per il suo Battaglione *N.P.*, che peraltro cederà un fondamentale complemento di uomini al *Maestrale-Barbarigo*.
Il Guardiamarina Posio, a mo' di consolazione, darà una ironica -ma logica- spiegazione della scelta del Comandante

---

29 Ibid., p. 270.
30 Ibid., p. 287.

Borghese all'inviperito Buttazzoni, ricordandogli che Bardelli aveva un'anzianità di servizio maggiore della sua[31]!
Per poter accelerare l'addestramento dei Marò si distaccarono a Cuneo due Compagnie, e lì si verificò un fatto che avrebbe avuto una grande importanza in un triste momento futuro. Tre Ufficiali e un Marò furono catturati da un gruppo di partigiani del capo partigiano "Mauri". Bardelli tentò di aprire un canale di trattativa con quest'ultimo, volendo evitare lo scontro tra italiani, come più volte da lui espresso ai suoi colleghi:
Bardelli diceva sempre, anzi predicava: "non facciamoci la guerra tra noi, noi combattiamo contro gli americani e loro combattono contro i tedeschi e basta"[32].

Il tentativo, portato a termine dalla coraggiosa Fede Arnaud, poi responsabile Comandante del SAF X^a, che si recò da sola a parlamentare con i partigiani, andò a buon fine, e dopo qualche tempo gli Ufficiali e il Marò furono liberati. La felice conclusione di questa vicenda portò probabilmente Bardelli a pensare che si potesse sempre arrivare, con il dialogo e il rispetto della parola data, ad un accomodamento con i partigiani.
Purtroppo, ad Ozegna, la generosità d'animo di Umberto Bardelli lo tradì.
Dopo il ritorno delle due Compagnie a La Spezia l'addestramento fu per forza di cose affrettato ed incompleto: poiché non si potevano fare le esercitazioni di tiro in un apposito poligono, i Marò si addestravano con i *MAB* sparando in mare. Era anche impossibile fare, tra le altre cose, quell'addestramento al movimento tattico sul terreno per Plotoni e Compagnie, e alla cooperazione fanteria - armi d'appoggio essenziale nella guerra moderna.
Nonostante tutto il Battaglione, rinominato *Barbarigo* in onore all'omonimo sommergibile atlantico del Comandante Grossi, che manderà un telegramma di felicitazioni, partì per Anzio-Nettuno il 20 febbraio 1944, acclamato dalla popolazione spezzina.

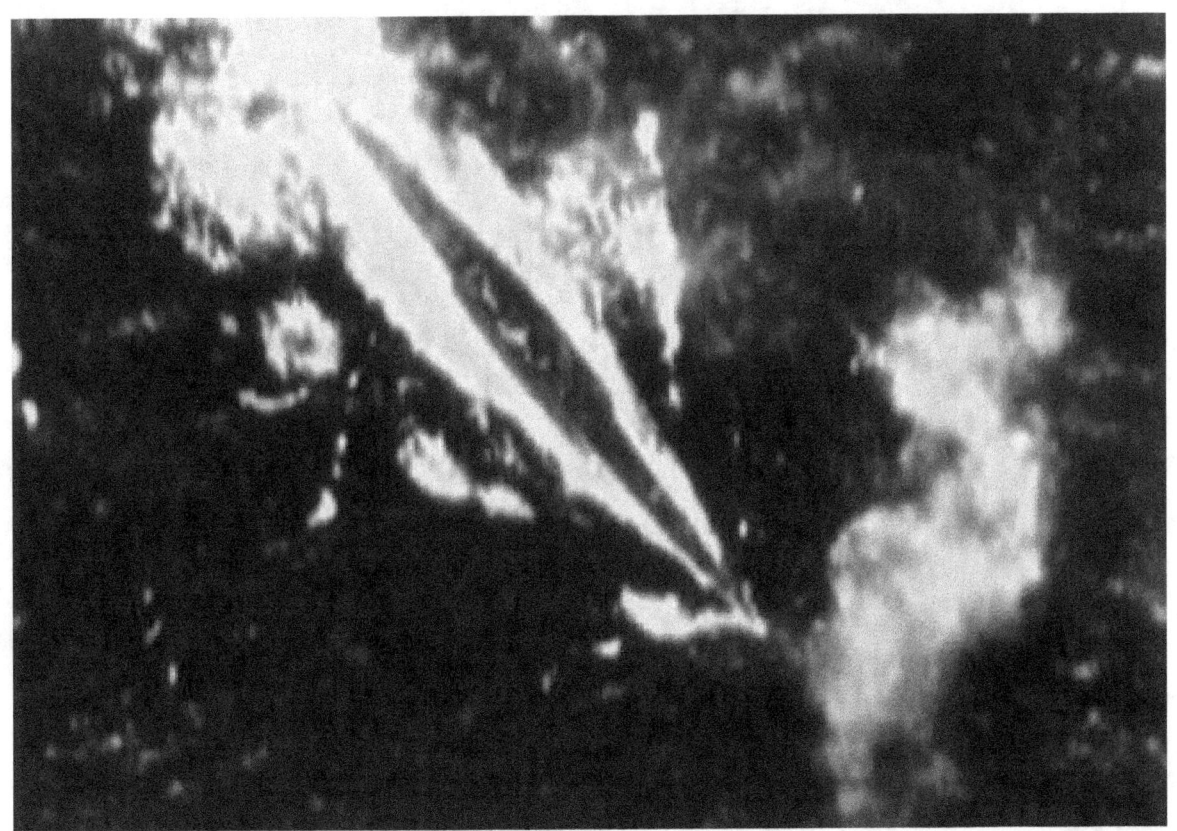

Il Giuliani *sotto attacco aereo.*

---

31 Intervista dell'autore al Guardiamarina Paolo Posio, 2005.
32 Tedeschi, Mario, *Sì bella e perduta... Storia del Battaglione Barbarigo e dell'amor di Patria*, Roma, 1994, p. 94.

Il Giuliani *a Betasom nel 1941.*

MARINAI IN BUCA: IL BARBARIGO A NETTUNO

Il Battaglione, guidato dal Capitano di Corvetta F.M. Bardelli, si diresse per Roma a bordo di una moltitudine di variopinti e ben poco marziali torpedoni civili requisiti dai tedeschi; durante una sosta a Siena numerosi Allievi Ufficiali della *GNR* si aggregarono al *Barbarigo* come semplici Marò, per poter combattere subito contro gli Alleati. Raggiunta Roma il *Barbarigo* partecipò ad una sfilata, principalmente per ragioni di propaganda, e se i Marò erano ansiosi di poter entrare in combattimento, Bardelli sfruttò questa occasione, grazie al Capitano dei Granatieri di Sardegna Marchesi, per migliorare l'equipaggiamento del Battaglione, prelevando materiali ed armi dalla Caserma *Ferdinando di Savoia*.

Finalmente, la sera del 3 marzo, il Battaglione, trasportato su camionette tedesche, entrava in linea a Nettuno.
La prima esigenza per il Capitano Bardelli fu quella di prendere contatto con l'Ufficiale tedesco responsabile del settore dove si sarebbe schierato il *Barbarigo*.

L'Ufficiale in questione era l'*Oberst* von Schellerer, veterano della prima guerra mondiale e decorato della Croce di Ferro di 1a Classe 1914 e riconferma del 1939, Comandante del *735. Infanterie-Regiment* della *715. Infanterie-Division*.

La *715. Infanterie-Division* era nata come una Divisione di Fanteria statica con compiti di presidio, ma sarà inviata in emergenza a Nettuno dopo lo sbarco Alleato. Molte delle sue armi erano di preda bellica, e il suo Reggimento di Artiglieria poteva contare su di un solo Gruppo di Obici da 10.5 cm e di un Gruppo di cannoni campali di preda bellica russi da 7.62 cm.

Inoltre la Divisione aveva subito molte perdite nelle settimane precedenti, e i sopravvissuti erano alquanto logorati dai continui combattimenti.

Proprio per quest'ultimo fatto, e forse anche per una certa sfiducia nella qualità delle truppe italiane, von Schellerer chiese a Bardelli, accompagnato dal Comandante in seconda Vallauri e dall'Aiutante Maggiore Rattazzi, che, sapendo il tedesco, fungeva da interprete, di poter assegnare i Marò alle sue decimate Compagnie, suddividendoli in Squadre e perciò smembrando così il Battaglione.

Seguì un'accesa discussione, con Bardelli che, non accondiscendendo a questa richiesta, rimarcava che il Battaglione, seppur dipendendo tatticamente da una unità tedesca, avrebbe dovuto combattere unito. L'energia ma anche l'abilità diplomatica di Bardelli riuscirono nell'intento, e le Compagnie del Battaglione si disposero in linea rilevando altre unità tedesche. Nei giorni seguenti i Marò poterono inoltre istruirsi all'uso delle armi tedesche, in particolare controcarro, come i lanciagranate anticarro *Panzerfaust*.

Mentre il *Barbarigo* aveva i suoi primi caduti, partecipando ad azioni di pattuglia ed a combattimenti difensivi, in un fronte caratterizzato da condizioni che ricordavano la guerra di posizione del primo conflitto mondiale, Bardelli, conferendo con il Generale Comandante della *715. Infanterie-Division* Hildenbrand, si rese conto della necessità di dotare il Battaglione di un proprio supporto d'artiglieria.

Il Capitano Bardelli sfrutterà il fatto che molti degli effettivi del Barbarigo erano stati artiglieri per selezionare i quadri del futuro reparto d'artiglieria, e con l'ennesimo mirabile sforzo organizzativo e di improvvisazione, grazie anche al Tenente di Vascello Mario Carnevale, Comandante del *San Giorgio*, si riuscirà a creare il Gruppo di Artiglieria *San Giorgio*, con pezzi da 105 mm. Successivamente sarà creata anche la 5a Compagnia Cannoni, con tre pezzi da 65 mm.

Il *Barbarigo* ed il *San Giorgio*, formanti il Gruppo di Combattimento *Barbarigo*, diedero il loro contributo ai combattimenti sulla testa di ponte, al comando operativo del Tenente di Vascello Vallauri.

Infatti Bardelli, grande organizzatore e abile Direttore di Macchina, aveva razionalmente stimato di non avere l'esperienza necessaria per guidare tatticamente un'unità di Fanteria sul campo, e aveva delegato, poco dopo l'arrivo al fronte, il comando operativo del Battaglione a Vallauri, proveniente dal *REI* e quindi maggiormente versato nei combattimenti terrestri.

L'opera del Comandante Bardelli risultava comunque essenziale nei rapporti con i tedeschi, che lo apprezzavano e rimanevano impressionati dalla sua franchezza e decisione, e verso i Marò del Battaglione, che erano allo stesso modo entusiasmati dal carisma di Bardelli, come è evidente dal seguente resoconto del Marò Luciano Luci Chiarissi:
Il giorno 8 mattina venne a far visita alle nostre postazioni il Comandante Bardelli con un Tenente Colonnello germanico. Gli chiesi come mai dovessi andarmene, mentre egli mi aveva promesso sin dal primo giorno che non mi avrebbe mai lasciato [Chiarissi proveniva dalla *GNR*, ed era stato richiamato, NdA]. Si volse all'Ufficiale germanico

e disse: "Come italiano che cosa debbo dire a questi ragazzi?". Poi si rivolse a me ponendomi rudemente la mano sulla spalla: "Tu sei uno dei più bravi ragazzi che io abbia conosciuto. Cercherò di accontentarti". Erano le prime ore del mattino, e nel nostro settore faceva abbastanza fresco, forse anche per l'umidità provocata dalle paludi. Sentii qualcosa che mi serrava la gola e poi un brivido lungo tutto il corpo, ma non era il freddo: ero felice[33].

Questa era l'umanità ed il carisma di Bardelli, e la considerazione che i suoi Marò avevano per lui.

L'inesperienza di Bardelli sul "fronte terrestre", ma anche il suo orgoglioso sprezzo del pericolo, estremizzato proprio per far comprendere ai tedeschi le qualità combattive sue e dei suoi uomini sono rivelati dal seguente ricordo del Marò A.U. Franco Olivotti:

Bardelli stava partecipando ad uno dei primi rapporti sulla situazione con alcuni Ufficiali tedeschi, quando si sentì il sibilo di una salva d'artiglieria in arrivo; Bardelli, con l'orecchio non allenato, non capì che i colpi sarebbero finiti lontano, e si gettò a terra. Ovviamente gli Ufficiali tedeschi rimasero in piedi, e mentre i colpi esplodevano senza far danno in lontananza, rivolsero degli sguardi di commiserazione al nostro Comandante.

Capito l'errore e rimessosi rapidamente in piedi e rassettatasi nervosamente la divisa, Bardelli riprese a conferire con i tedeschi.

Poco dopo si udirono nuovamente dei colpi in arrivo, ma stavolta era evidente che la salva sarebbe caduta proprio nell'area dove stava tenendosi il rapporto: Bardelli se ne avvide vedendo la reazione dei tedeschi, e mentre essi si gettavano a terra, egli, con grande freddezza, rimase in piedi tra le schegge che riempirono l'aria dopo le detonazioni, davvero molto vicine, dei proiettili Alleati. I tedeschi, increduli testimoni della temerarietà di Bardelli, rimasero molto colpiti dalla sua risolutezza[34].

Dopo qualche tempo il *Barbarigo* creò anche il proprio "giornale di guerra", costituito da un solo foglio: il "Barbarigo". Una copia, fresca di stampa, del primo numero fu donata al Comandante Borghese, in occasione della sua visita al Battaglione il 7-8 aprile 1944.

Il Comandante Bardelli scriveva le seguenti righe sul primo numero del "Barbarigo" del 1° aprile 1944:

Sulle linee della I. Compagnia è rimasta una croce su un mucchio di rossa terra italiana. Sono i due morti che non si sono potuti portare indietro, quelli presi da una granata nella buca e che sono rimasti sulla linea a fare buona guardia. È la prima Compagnia, quella che per noi si chiamerà sempre "DECIMA", che ha più generosamente delle altre lasciato un solco di sangue fecondo.

Guardiamarina Sebastiani, tu che hai preso il comando della prima squadra, hai assunto sorridendo con i tuoi vent'anni ed i ragazzi che ti hanno visto arrivare ti hanno accolto con il loro più caro volto.

Questa volta non ti chiedono né scarpe né rancio caldo. Ti hanno fatto vedere la loro "LINEA" e ti hanno detto che non è dura la consegna: "Siamo tutti qui per i vivi perché il nostro giovane e puro sangue non sia dimenticato e dia frutto perché i compagni che combattono sanno che senza di noi ogni parola e ogni promessa non sono che una vuota retorica".

E Frezza ti parlerà della sua batteria e di come era dolce la musica di quei primi quattro cannoni ITALIANI [...]

E Spagna ti dirà che è stato il primissimo, colpito in mezzo alla fronte, solo come il primo doveva cadere.

Ma nessuno di Voi è morto finché noi non moriamo tutti. E fino a quando vi sarà in piedi uno del *Barbarigo*, lo sarete anche voi. [...]

Sia questa anche la nostra Pasqua e con la veniente Primavera, risorga l'Italia a combattere per il suo avvenire.

Voi siete la nostra certezza che tutto questo avverrà e che non siete caduti invano.

Il Comandante

Sul secondo numero del giornale "Barbarigo", Bardelli scrisse il seguente articolo, ricordando la visita del Comandante Borghese sul fronte a Nettuno:

è arrivato puntuale in linea anche la Pasqua, così puntuale da augurarsi che il camioncino del rancio impari da Lei. Molti fiori di pesco, tante nuvole bianche, le solite cannonate di ogni giorno e i soliti aerei pazzerelloni che invece che gettare uova smitragliavano come al solito gli ignari e incauti passanti.

---

[33] Luci Chiariti, Luciano, *Con il Barbarigo a Nettuno*, Genova, 2005, p. 52.

[34] Conversazione con l'autore del Marò A.U. Franco Olivotti. Franco Olivotti, appartenente al Btg. *Barbarigo*, combatté a Nettuno.

L'aria di Pasqua ce l'hanno data il rancio e le sigarette, entrambi di insolita bontà, quantità e consistenza. E così anche quelli delle buche e delle batterie hanno per un giorno brontolato un po' meno del solito contro quei fetenti imboscati del magazzino.

A rendere il giorno più lieto è arrivato in linea il Comandante Borghese.

Ha lasciato il suo duro lavoro alla X, ha lasciato per due giorni quelli dei mezzi d'assalto, i battaglioni in formazione, tutto quell'enorme lavoro, che ognuno di noi e solo noi sappiamo quanto sia duro e necessario, ed è venuto tra i suoi ragazzi del *Barbarigo*.

Tutti lo hanno visto e tutti hanno sentito la sua parola, tutti si sono sentiti migliori perché il Comandante era vicino ai loro cuori e ai loro sentimenti, perché è sceso nelle buche della II e della IV, perché ogni artigliere la ha visto vicino al proprio cannone.

E le sue parole sono state di elogio per quello che si è fatto, di augurio e soprattutto di fede. Ero sempre dietro al Comandante quando vi parlava e vi guardavo perché nelle vostre facce, che nei quaranta giorni di linea hanno preso rilievo e forza, leggevo i miei stessi sentimenti e tutta la nostra volontà di continuare sino alla fine.

Accanto al Comandante Borghese ci siamo tutti raccolti in una vera comunione spirituale e mai il *Barbarigo* è stato più compatto e più serrato nei ranghi di quei due giorni della sua visita.

Parlandomi, prima di partire, mi ha detto che è soddisfatto di voi tutti e soprattutto dei giovanissimi, dei marinai che con tanto animo superano le difficoltà di una guerra nuova per loro, dei vecchi soldati di Grecia, Africa e Russia che sono tornati a quella dura guerra che già conoscevano.

Ecco perché ho voluto che della sua visita rimanesse qualcosa nel nostro giornale.

Con l'arrivo del Comandante si è anche chiuso quel primo periodo di assestamento e di ritrovamento per tutti noi. Non sappiamo ancora che cosa ci aspetti nei giorni che verranno, e, benché Radio Buca si affanni a fare pronostici, nessuno può dire fino a quando... Ma oggi possiamo guardare indietro e misurare tutto il cammino fatto, il duro lungo cammino per arrivare sin qui. Si è fatto veramente più dell'impossibile, si sono superate difficoltà di ogni genere, ci siamo liberati da tanti impedimenti e da molta incomprensione.

E ora possiamo guardare all'avvenire con assoluta fiducia in noi stessi, nel nostro Comandante, nella nostra causa. Chi non dispera non perde.

Il Comandante

Il Colonnello Carallo venne a passarci in rassegna (Il Comandante Borghese era venuto addirittura sull'argine maledetto). Faceva gli onori di casa il Capitano di Corvetta sommergibilista Umberto Bardelli, carismatico Comandante del *Barbarigo*, anche lui un po' polveroso, ma l'immancabile "caramella" incollata all'occhio sinistro. L'ottimo Colonnello era un Bersagliere, combattente e decorato e, dopo l'infamia dell'otto settembre, era la prima volta che si trovava di nuovo davanti ad una Compagnia in grigioverde, lacera e marziale, armata e inquadrata, nelle immediate retrovie del fronte. Mentre parlava si commosse veramente, un singulto gli serrò la gola ed alcune lacrime gli scorsero sul viso. A tale vista il Comandante Bardelli si meravigliò, tanto da spalancare gli occhi e provocare così l'immancabile caduta della leggendaria "caramella". Tuttavia, abile marinaio, parò la mano all'altezza del cinturone e raccolse al volo la lente. L'acrobatica prodezza non sfuggì alla nostra attenzione e si udì un mormorio ironico. Il povero Colonnello Carallo credette che ridessimo di lui e non ce la perdonò più[35].

Il 27 aprile 1944 il Capitano di Corvetta Bardelli cedette il comando del Battaglione al Tenente di Vascello Giuseppe Vallauri, dovendo comandare il 1° Reggimento F.M. *San Marco*, formato dal *Barbarigo*, dal *Lupo* e dal *NP*.

Il Capitano Bardelli, tuttavia, visitò altre volte il Battaglione, e sarà presente a Roma, mentre era in corso il ripiegamento del *Barbarigo* dalla testa di ponte, quando la *10. Armee* da Montecassino e la *14. Armee* da Anzio/Nettuno furono costrette alla ritirata sotto la massiccia offensiva Alleata di fine maggio 1944.

Bardelli si adopererà per reintegrare la dotazione in armi dei superstiti del *Barbarigo* giunti a Roma, ottenendo dai Comandi tedeschi armi ed equipaggiamenti, mentre, opponendosi all'ordine tedesco di riportare in linea l'esausto Battaglione, lo salverà dal totale annientamento.

---

35 Calamai-Pancaldi-Fusco, *Marò della X Flottiglia MAS*, Bologna, 2002, p. 66.

In quegli ultimi giorni a Roma, Bardelli, dopo un lungo, polemico ed aspro colloquio notturno con il Conte Thun, l'Ufficiale di collegamento tedesco, ottenne il riconoscimento scritto da parte del Comando tedesco del ruolo del *Barbarigo* nei combattimenti ad Anzio/Nettuno, come riporta il Guardiamarina Posio:

> Ebbi occasione di essere a fianco del Comandante Bardelli allorché si incontrò col Conte Thun, Ufficiale credo, del servizio di Controspionaggio germanico e certamente molto vicino al Generale Mältzer.
> Ricordo tale circostanza perché mi consenti di apprezzare il modo appassionato e dignitoso con il quale egli, di fronte a qualche non del tutto amichevole espressione dell'interlocutore, rivendicò il positivo apporto dato dal *Barbarigo* alla difesa di Roma nonostante le gravi deficienze addestrative e di armamento di gran parte dei suoi componenti ed esaltò lo spirito di sacrificio, il coraggio e la fedeltà all'alleanza dimostrata dai Maró in ogni momento della loro non breve permanenza sul fronte di Nettuno.
> Il risultato di quel lungo e duro colloquio svoltosi nella notte di uno dei primissimi giorni del giugno 1944 fu l'elogio agli uomini del *Barbarigo* espresso dal Comando tedesco in un comunicato a firma, mi sembra, del Generale Mältzer, pubblicato sulla stampa dell'epoca e, credo, facilmente rintracciabile[36].

Peraltro Bardelli, oltre che diplomatico, sapeva mettere bene in chiaro, se necessario, quando non si dovessero accettare prepotenze dall'alleato tedesco, come riporta il Marò Piero Calamai:

> Un altro incidente avvenne durante la ritirata di Nettuno, quando alcuni sbandati del *Barbarigo* furono disarmati perché si rifiutarono di fermarsi a combattere ad un posto di blocco. Avevano torto, perché in ritirata è norma costituire Compagnie di formazione e organizzare punti di resistenza per rallentare lo sganciamento. Ma il Comandante Bardelli, di fronte ai laceri resti del Battaglione schierati nel cortile del Distaccamento Marina di piazza Adua, con al fianco, impalato e pallidissimo, l'Ufficiale di Collegamento tedesco, ordinò con voce stentorea di sparare, e nella faccia, a chiunque, italiano o tedesco avesse ancora tentato di disarmarci[37].

Bardelli, nella notte tra l'uno e il 2 giugno, si portò con Vallauri al Posto di Comando della *4. Fallschirmjäger-Division*, per concordare un ulteriore impiego del *Barbarigo* nella difesa di Roma.
Il pomeriggio del 3 giugno Bardelli avvertì le Volontarie del *SAF* X^a, tra le quali vi era l'Ausiliaria Scelta Raffaella Duelli, di prepararsi a lasciare la Capitale:

> Bardelli venne in caserma e mi disse: "Vai a casa ad avvisare che parti; prendi poche cose e vieni su con noi, perché nessuno di noi rimane più qui". Ricordo perfettamente che, mentre stavo uscendo, lui era seduto con altri sui gradini nel cortile del Distaccamento e mi chiamò a voce altissima: "Raffaella!". Qualcuno gli aveva dato il nome, evidentemente. Mi voltai e lui mi disse: "Toglieti la giacca ed il basco". Io francamente lì per lì non capii; a Roma non ci aveva mai dato fastidio nessuno [...] Però probabilmente il Comandante Bardelli aveva pensato che se fossi andata in giro quella sera, in divisa, avrebbe potuto essere pericoloso. Mi fece telefonare ai miei, loro mi aspettarono. Bardelli aveva il volto teso, grigio, per il duro compito di organizzare il ripiegamento del Battaglione da Roma[38].

Lo stesso giorno il Comando tedesco chiese una Compagnia da schierare sulla Appia, così fu costituita dai resti del Battaglione una Compagnia di formazione al comando del Tenente di Vascello Betti. Il Comandante Bardelli era presente al momento della partenza della Compagnia, incoraggiando gli uomini e in particolare l'Aiutante Maggiore Cencetti.
Quindi, dopo aver predisposto la partenza dei sopravvissuti, e conscio che sia lui che i suoi uomini avevano fatto tutto il possibile per difendere la Capitale, Bardelli ripartì per La Spezia il 4 giugno 1944, seguito dai pochi automezzi necessari per riportare i Marò, diventati a caro prezzo veterani, verso nord.

---

36 Paolo Posio, "Ricordo del Comandante Bardelli", pubblicato su *Decima, Comandante!*
37 Calamai-Pancaldi-Fusco, *Marò della X Flottiglia MAS*, Bologna, 2002, p. 64.
38 Tedeschi, Mario, *Sì bella e perduta... Storia del Battaglione Barbarigo e dell'amor di Patria*, Roma, 1994, p. 130, e conversazione telefonica dell'autore con l'Ausiliaria Scelta Raffaella Duelli, 2005. Raffaella Duelli fu tra le prime Volontarie del SAF Decima, e fu assegnata al Battaglione *Barbarigo* ed alla Segreteria del Comandante Junio Valerio Borghese. Nel dopoguerra organizzò il recupero delle salme dei Marò del Barbarigo caduti a Nettuno e contribuì in maniera determinante alla realizzazione del Campo della Memoria di Nettuno, il Cimitero Militare del Btg. Barbarigo.

UNDICI MORTI AD OZEGNA

Giunto a La Spezia, il *Barbarigo* si diresse quindi nella zona di Viverone, vicino Ivrea, per ricostituirsi e riorganizzarsi, e Bardelli dovette riprendere il suo impegno nell'organizzazione del Reggimento F.M. *San Marco*. Tuttavia, lo sforzo di reclutamento fatto da Bardelli nei confronti del suo primo Battaglione, continuò anche dopo il ritorno del *Barbarigo* dal Fronte di Nettuno; infatti il Tenente Giorgio Farotti ricorda così una visita del Capitano Bardelli alla Scuola Ufficiali di Alessandria:

> Bardelli era venuto a ricordarci che alla fine del corso avremmo potuto chiedere di essere assegnati a quel Reparto di Fanteria di Marina, erede della X^a Mas delle epiche gesta di Alessandria, Malta, Suda e Gibilterra, e che aveva già dato un'ottima prova combattendo sul fronte di Nettuno contro gli angloamericani, vale a dire il Battaglione *Barbarigo*, da lui comandato, il primo Reparto organico della R.S.I. ad essere inviato al fronte dopo l'ignobile 8 settembre 1943.
>
> Vestiva il Samurai, e non sprecò molte parole. Disse: "Io ho bisogno di dieci Ufficiali per i miei reparti. Vi posso offrire soltanto la possibilità di crepare per l'Italia", e ci conquistò[39].

L'otto luglio 1944 Bardelli si recherà a Viverone per visitare i Marò del *Barbarigo*, i veterani del Battaglione ed i rimpiazzi che non lo conoscevano ancora.
Ad essi mostrò il Distintivo del Battaglione *Barbarigo*, con il cartiglio "Fronte di Nettuno", destinato ai reduci dei combattimenti sulla testa di ponte, si intrattenne con i Marò e con gli Ufficiali, quindi, assieme ad una scorta, ripartì per Agliè, dove era dislocato il Battaglione *Sagittario*.
Lungo la strada Bardelli ricevette la notizia che un Guardiamarina del *Sagittario*, tale Gaetano Oneto, assieme da alcuni disertori, era fuggito portandosi dietro la cassa del Battaglione. Bardelli darà ordine ad alcuni Marò del *Sagittario* di seguirlo, per poter riconoscere Oneto, e si lancerà sulle tracce del fuggitivo, segnalato ad Ozegna.
Dopo alcuni chilometri la piccola colonna, composta dalla *1100* scoperta di Bardelli e due automezzi con i Marò del *Barbarigo* e del *Sagittario* arrivò alla Stazione di Ozegna; lì stazionava parte di un reparto partigiano capitanato da Piero Urati, nome di battaglia "Piero Piero", poiché anche egli, avvertito da una staffetta della diserzione di Oneto, si era mosso celermente verso Ozegna, dando ordine alla sua banda di seguirlo e catturando i disertori.
Bardelli, fedele al suo pensiero di evitare lo scontro fratricida, e probabilmente confortato dalle precedenti esperienze di dialogo tra Reparti e Comandi della Decima e gruppi di partigiani, sia nel Nord Italia sia a Nettuno e alla Base Sud di Fiumicino, ordinò ai suoi Marò di non intraprendere alcuna azione offensiva.
Quindi Bardelli andò a parlamentare con il capo dei partigiani:

Senza rendersi conto dell'individuo con cui aveva a che fare, Bardelli disse a "Piero Piero" che il *Barbarigo* era nella zona soltanto per riorganizzarsi e tornare al fronte, contro gli angloamericani. Che i partigiani stessero tranquilli, e ci lasciassero passare, perché dovevamo andare a prendere un disertore, cioè un individuo che nemmeno a loro poteva piacere; lui, Bardelli, non aveva alcuna intenzione di far fuoco su altri italiani[40].

Urati prestò orecchio alle parole di Bardelli, ma solo per permettere ad altri suoi uomini di circondare il reparto di Marò: quando ritenne arrivato il momento più opportuno "Piero Piero" si allontanò da Bardelli, e puntatagli un'arma addosso, gli intimò di arrendersi.
Bardelli, sorpreso, si riprese immediatamente, e, gridando ai suoi Marò "*Barbarigo* non si arrende! Fuoco!", raccolse la sua *Walther P 38*, sparando verso Urati che si era posto al riparo, mentre i partigiani aprivano il fuoco da più direzioni, ferendo e poi uccidendo Bardelli e colpendo molti dei Marò, colti allo scoperto.
Secondo Urati invece egli stesso fu costretto a strappare l'arma dalle mani di Bardelli e a colpirlo, dando inizio allo scontro, dopo che i Marò si erano resi conto di essere stati circondati[41].
Solo pochi di essi, riusciti a ripararsi, colpirono mortalmente tre uomini della banda di "Piero Piero" con il loro fuoco di reazione, ma, esaurite in breve tempo le poche munizioni che avevano con loro, non ebbero altra scelta che arrendersi. Dopo alcuni giorni di prigionia nei rifugi della banda di Urati, saranno liberati grazie ad uno scambio di prigionieri tra i partigiani e la Decima.

---

39 Farotti, Giorgio, *Sotto tre bandiere*, Genova, 2005, pag. 31 e Tedeschi, Mario, *Sì bella e perduta... Storia del Battaglione Barbarigo e dell'amor di Patria*, Roma, 1994, pag. 99.
40 Tedeschi, Mario, *Sì bella e perduta... Storia del Battaglione Barbarigo e dell'amor di Patria*, Roma, 1994, p. 49.
41 Urati, Piero, *Piero Piero*, Aosta, 2005, p. 50.

Oltre a Bardelli, saranno uccisi ad Ozegna il T.V. Piccolo, il S.T.V. Beccocci, il Capo di 3a Credentino, il Sergente Grosso, e i Marò Biaghetti, De Bernardinis, Fiaschi, Gianolli, Masi e Rapetti.

Dopo che i partigiani si furono allontanati con i loro prigionieri, i corpi di Bardelli e del Sergente Grosso furono trasportati da alcune Suore in un Istituto Religioso. Alcuni abitanti di Ozegna e dei partigiani probabilmente non appartenenti alla banda di Urati depredarono i caduti[42], che furono trovati il giorno successivo da un Reparto di Marò comandato dal Comandante Borghese ed il Sottotenente di Vascello Bertozzi; alla vista dei cadaveri,

> ritrovati spogliati degli indumenti e dei valori personali, strappati gli anelli dalle dita e i denti d'oro dalle bocche piene di terra e di erba in segno di sfregio[43],

Bertozzi minacciò di compiere una rappresaglia contro la popolazione di Ozegna, ma Borghese, sia per il suo intimo sentire, sia perché senza dubbio conscio dell'idealismo di Bardelli, che mai avrebbe voluto un tale crudele atto, seppur tanto comune nella controguerriglia, riuscì a calmare Bertozzi.

Inoltre un tale atto poteva esporre i Marò fatti prigionieri da Urati ad una controrappresaglia da parte dei partigiani. Buona parte della popolazione di Ozegna si rese conto della gravità dell'azione di "Piero Piero", e ancora oggi considera con gratitudine il non essere stata coinvolta in una rappresaglia che avrebbe portato molti lutti tra quelle genti incolpevoli. D'altra parte, l'uccisione di Bardelli significava che ormai le possibilità della Decima di parlamentare con i partigiani si riducevano molto, anche se non si esaurirono mai del tutto. Il responsabile indiretto della strage di Ozegna, Gaetano Oneto, consegnato alla Decima dai partigiani della banda "De Franchi", sarà fucilato il 4 settembre 1944. Le salme di Bardelli e dei suoi uomini saranno portate a Ivrea, dove il 10 luglio 1944 furono celebrate le loro esequie. Parteciparono alla cerimonia la Vedova Luigia Bardelli, il Comandante Borghese, il Tenente Colonnello Carallo, Comandante della Divisione *Decima*, i Marò della Decima e moltissimi civili.

Il funerale di Bardelli, e i forti sentimenti che legavano i Marò al loro Comandante, ucciso a tradimento, sono ben esposti in questa dura lettera di un Marò del *Barbarigo* al proprio padre:

> Il Comandante del glorioso *Barbarigo*, due Ufficiali e otto Marinai sono caduti in una vile imboscata mentre compivano una umana missione. Oggi ci sono stati i funerali. Credi caro papà che sono ancora commosso mentre ti scrivo; reparti armati numerosi scortavano le gloriose bare, la fanfara accompagnava con l'Inno di Mameli e con marce funebri il mesto corteo. Giunti al Cimitero il Principe Borghese, l'Asso degli Assaltatori, con sua voce maschia ha fatto l'appello ai Caduti. Questo momento é stato per me e per tutti i miei camerati un momento solenne, con i pugnali sguainati mentre il rullo dei tamburi si faceva sentire tutti hanno risposto ad una sola voce: "Presente"! Ho visto molti Ufficiali e ragazzi con le lacrime agli occhi. Credi papà che un fremito di vendetta ha percorso tutti i nostri animi. I Leoni del *Barbarigo* e quelli della Decima vendicheranno i gloriosi Caduti e la rappresaglia sarà presto iniziata contro questi porci e bastardi di rinnegati. Questo é il peggio della linea e noi siamo considerati combattenti e faremo il nostro dovere. Sono sempre all'erta e non aver paura che me la cavo sempre. Come vedi la lotta comincia a essere dura, ma la nostra azione e il nostro desiderio è di raggiungere la meta a qualunque costo.

---

42 Le ricostruzioni del combattimento di Ozegna da parte dei veterani della Decima MAS (cfr. bibliografia) sono concordi nell'attribuire a Urati la responsabilità dell'inizio dello scontro, avendo Urati puntato la propria arma su Bardelli (e non disarmando quest'ultimo), e invitatolo alla resa. A quel punto, al rifiuto di Bardelli, Urati spara e con lui aprono il fuoco i partigiani, da posizioni di vantaggio, sui Marò concentrati vicino ai camion nella piazza. La tesi di Urati secondo la quale egli si sentì minacciato e disarmò Bardelli, trovandosi quindi a distanza ravvicinata da quest'ultimo e sparandogli subito dopo con la sua stessa arma, è smentita anche da uno dei suoi partigiani (cfr. testimonianza del partigiano Dezzutti in *Agliè nei giorni della Resistenza*, Agliè, 1978, pp. 11-12, citato in Guido Bonvicini, *Decima Marinai! Decima Comandante!*, Milano, 1988, p. 78). Secondo questa testimonianza "Ad un tratto Piero Piero [...] si apposta dietro un albero dell'allea e intima la resa. Ma Bardelli risponde: "Il *Barbarigo* non si arrende!". Ed inizia lui stesso la sparatoria". La ricostruzione di Urati fu resa nota in una sua conversazione, durante un pranzo di lavoro nel 1984, con l'Ing. Sergio Nesi, e da Nesi fu successivamente ripresa (cfr. Guido Bonvicini, *Decima Marinai! Decima Comandante!*, Milano, 1988, pp. 76-77). Nella sua recente autobiografia, curata dalla Professoressa Rosanna Tappero, Urati dà una versione simile alla prima, affermando però che Bardelli era armato di "una mitraglietta", mentre la sua arma era invece una pistola semiautomatica in doppia azione *Walther P 38*, e rivendicando un ruolo più attivo nella conduzione dell'inizio dello scontro: infatti Urati, visti i suoi partigiani in posizione e approfittando di una distrazione di Bardelli, lo disarma ed inizia lo scontro (cfr. Piero Urati, *Piero Piero*, Aosta 2005, pp. 50-51).

Da notare come diverse bande partigiane tentarono di prendersi l'onore del combattimento di Ozegna, suscitando l'irritazione di Piero Piero (cfr. Piero Urati, *Piero Piero*, Aosta, 2005, nota a p. 51).

Ricciotti Lazzero (*La Decima MAS*, Milano, 1984) fa una ricostruzione attendibile dello scontro, scrivendo però che Bardelli sarebbe stato sfigurato da una raffica di arma automatica, perdendo quindi parte della dentatura. In realtà l'evidenza fotografica mostra il volto di Bardelli integro, ed è purtroppo indubbio che i suoi denti d'oro furono rimossi a scontro finito.

43 Bordogna, Mario (a cura di), *Junio Valerio Borghese e la X Flottiglia MAS*, Milano, 1995, p. 110.

Comandante Bardelli! "Presente!" Sarai vendicato! W l'Italia[44]!

Il 28 luglio 1944 fu conferito, postumo, al Capitano di Corvetta F.M. Umberto Bardelli il Distintivo del *Barbarigo* "Fronte di Nettuno", numerato "3".
Sempre postuma fu conferita al Comandante Bardelli la Medaglia d'Oro al Valor Militare, con la seguente motivazione, che in effetti ricostruisce in sintesi la carriera e la tragica fine del coraggioso Ufficiale:

"Ufficiale superiore di belle qualità e di provata esperienza, sorretto da uno slancio e da una fede senza limiti, tre volte decorato al valore; primo comandante del Barbarigo, *che per sua travolgente iniziativa per primo si allineò con gli alleati germanici sulla testa di ponte di Nettuno, si recava volontariamente e coscientemente con le esigue forze in una zona notoriamente infestata da bande ribelli.*
Giunto nella piazzetta del paese di Ozegna cercò di esercitare opera di persuasione sugli sbandati deprecando la lotta fratricida voluta e sovvenzionata dall'oro dei nemici della Patria.
Circondato a tradimento insieme ai suoi pochi uomini da forze preponderanti che gli intimavano la resa rispondeva con un netto rifiuto e fatto segno a violentissimo fuoco di armi automatiche postate agli sbocchi delle vie di accesso alla piazza si batteva con leonino furore incitando continuamente i pochi uomini di cui disponeva. Colpito una prima volta al braccio continuava a sparare con una mano sola, colpito una seconda volta ad una gamba continuava a far fuoco sino all'esaurimento delle munizioni. Nuovamente colpito cadeva falciato da una raffica al petto con il nome d'Italia sulle labbra.
Fulgido esempio di eroismo, di altissimo senso dell'onore, di attaccamento al dovere e di dedizione completa alla Patria adorata"
Ozegna, 8 luglio 1944.
Il 10 settembre 1944 arrivava anche un alto riconoscimento al "suo" Battaglione: il Gagliardetto del Gruppo di Combattimento *Barbarigo* (comprendente *Barbarigo* e *San Giorgio*) era infatti decorato della Medaglia di Bronzo al Valor Militare:

"Armato essenzialmente di fede e di coraggio, chiedeva di essere inviato al fronte di Nettuno per riscattare l'onore della Patria tradita.
A fianco dell'alleato fedele, in tre mesi di asperrima lotta, contendeva, fino all'estremo, alle orde travolgenti dei nuovi barbari il possesso di Roma immortale, dando luminose prove di strenuo valore e consacrando col sangue dei migliori il sacro diritto d'Italia alla vita ed alla rinascita"
Fronte di Nettuno – Roma, 4 giugno 1944.

Il 14 settembre 1944, invece, un Decreto Luogotenenziale del Regno del Sud sospendeva il Maggiore G.N. Bardelli dall'impiego "a tempo indeterminato" e lo poneva "in attesa di procedimento penale", mentre il 27 gennaio 1945, era notificato che l'8 luglio 1944 Bardelli era stato "Ucciso da patrioti"[45].
Il 4 febbraio 1951, la Commissione Centrale di Discriminazione giudicò "l'ufficiale superiore" Bardelli idoneo a rimanere nei Ruoli sino alla data della sua morte, "avvenuta in servizio ma non per causa di servizio"[46].
Il 23 gennaio 1952 era annullato parzialmente, a tutti gli effetti, il Decreto del 14 settembre 1944, riguardante la "sospensione precauzionale dall'impiego"[47].
Erano passati sette anni dalle ultime battaglie del *Barbarigo* e della Decima nel Goriziano e sul Fronte Sud, battaglie dove senza dubbio molti Marò ricordarono, in quelle situazioni disperate, le parole e l'alto esempio del Comandante Bardelli, tenendo fede al giuramento prestato e combattendo sino al limite delle loro capacità.
La salma di Bardelli troverà in seguito dimora nella Tomba Duelli al Verano, assieme a molti dei suoi Marò, e sarà quindi traslata il 16 giugno 2005 al Campo della Memoria, divenuto Cimitero Militare a tutti gli effetti, dove riposerà circondata dai Caduti del *Barbarigo*.

---

44 Archivio di Stato di Genova.
45 Fascicolo Matricolare del Comandante Bardelli.
46 Ibid.
47 Ibid.

Sessanta anni dopo la fine della guerra, il Comandante Bardelli vive ancora, perché, come disse egli stesso:

> nessuno di voi è morto finché noi non morremo tutti. E fino a quando sarà in piedi uno del *Barbarigo* lo sarete anche voi.

Ma anche dopo che l'ultimo membro del *Barbarigo* seguirà il suo Comandante e i suoi commilitoni, tutti loro vivranno per sempre nella leggenda che essi hanno scolpito, con il loro sangue e i loro sacrifici, il loro dolore e il loro eroismo, nelle buche di Nettuno, sulle nevi del San Gabriele e tra gli argini del Po.

La Regia Nave Vittorio Veneto. *Notare nella foto in basso i suoi cannoni da 381 mm e l'idrovolante catapultabile.*

Il torrione corazzato della Nave da Battaglia Vittorio Veneto *nel 1941 (Cherini).*

Vista da prua delle torri prodiere e del torrione della Vittorio Veneto *(Cherini)*.

CONSIDERAZIONI SULLO STATO DI SERVIZIO DEL COMANDANTE BARDELLI

di Mario Menichetti

La carriera nella Regia Marina di Umberto Bardelli è quella di un coscienzioso e preparato Ufficiale del Corpo del Genio Navale.

Dopo il periodo di istruzione presso l'Accademia Navale inizia la sua carriera operativa imbarcando con il grado di Aspirante sulla R. Nave appoggio sommergibili *Pacinotti*, iniziando quindi quel rapporto con la tecnologia dei battelli subacquei che lo accompagnerà per gran parte della sua vita di ufficiale.

Regia Nave appoggio somm. *Pacinotti*
Disl.: 2.720; Lung.: 93,1; Larg.: 11,1; Imm.: 5,11; Arm.: IV – 76/40; App. Mot.: 4 caldaie; 2 Turbine Zoelly
Potenza: 7.500; Vel.: 19 nodi

Conseguito il grado di Sottotenente effettua un breve periodo di imbarco sul Regio Incrociatore *Trieste* dal 16 febbraio 1930 al 1° maggio 1930

R. I. *Trieste*
Disl. 13.114; Lung. 196,96; Larg.20,6; Imm. 6,57 Arm: VIII – 203/50; XVI – 100/47; IV – 40/39; IV – 12,7; VIII tsl. da 533 1 catapulta – 3 aerei App. mot. 12 caldaie; 4 gruppi di turbine Parsons Potenza 150.000 HP; Vel. 35 n.

Dopo un breve imbarco sulla R.N. *Pacinotti* inizia la sua attività di sommergibilista su Regio Somm. *Toti*, unità della classe *Balilla* (29/11/1932 – 01/03/1933)

R. Somm. *Toti* classe *Balilla 2*
Disloc. 1.450/1.904; Lung. 86,75; Larg 7,80; Imm. 4,78; Arm.: IV tsl. da 533 Av. ; II tsl. da 533 Ad. ; I – 120/27 poi 120/45; IV – 13,2 a.a.; 1 tubo lanciamine App. mot.: 2 Fiat 2.000 Hp / 2 Savigliano 1.000 Hp
Velocità: 17,5/8,9 nodi Profondità di collaudo: 100 mt.

Dal 20 marzo 1933 al 11 agosto 1936 imbarca sul R. Somm. *Ciro Menotti*

R. Somm. *Ciro Menotti* classe *Bandiera*
Disloc. 942/1.147; Lung. 69,8; Larg 7,22; Imm. 5,18 Arm.: IV tsl. da 533 Av. ; IV tsl. da 533 Ad. ; I – 102/35; II – 13,2 a.a.; App. mot.: 2 Fiat 1.500 Hp / 2 Savigliano 550 Hp Velocità: 17,5/9 nodi Profondità di collaudo: 100 mt.

Dal 5 ottobre 1936 al 14 novembre 1937 imbarca sul R. Somm. *Fratelli Bandiera* della classe omonima (vedi sopra profilo e caratteristiche).

Bardelli in virtù della sua specializzazione è destinato a Taranto presso l'Ufficio Allestimento Sommergibili per seguire l'allestimento del R. Somm. *Brin*. (15/12/1937 – 11/02/1938), essendo altresì inviato al Cantiere Navale di Monfalcone per seguire l'allestimento del R. Somm. *Nani* (10/02/1938 – 28/03/1938)

Dal 28 marzo 1938 al 15 maggio 1938 imbarca sul R. Somm. *Nani* per seguirne i collaudi di consegna.

R. Somm. *Nani* classe *Marcello*
Disloc. 1.060/1.313; Lung. 73; Larg. 7,20; Imm. 5,10; Arm.: IV tsl. da 533 Av. ; IV tsl. da 533 Ad. II – 100/47; IV – 13,2 a.a.; App. mot.: 2 CRDA 1.500 Hp / 2 CRDA 550 Hp Velocità: 17,4/8 nodi Profondità di collaudo: 100 mt.

Dal 15 settembre 1938 al 8 ottobre 1938 imbarca sul R. Somm. *Da Procida*

R. Somm. *Da Procida* classe *Mameli*
Disloc. 830/1.010; Lung. 64,6; Larg. 6,52; Imm. 4,33; Arm.: IV tsl. da 533 Av. ; II tsl. da 533 Ad. ; I – 102/35; II – 13,2 a.a.; App. mot.: 2 Tosi 1.500 Hp / 2 CGE500 Hp Velocità: 17,2/7,7 nodi Profondità di collaudo: 100 mt.

Imbarca sul R. Somm. *Guglielmotti* (2°) dal 1° novembre 1938 al 13 aprile 1939

R. Somm. *Guglielmotti* 2° classe *Brin*
Disloc. 1.016/1.266; Lung. 72,5; Larg. 6,7; Imm. 4,55 Arm.: IV tsl. da 533 Av. ; IV tsl. da 533 Ad. I – 100/43; IV – 13,2 aa.; App. mot.: 2 Tosi 1.500 Hp / 2 Ansaldo 550 Hp Velocità: 17,3/8 nodi Profondità di collaudo: 100 mt.

Imbarca sul R. Somm. *Archimede* (2°) dal 15 aprile 1939 al 5 luglio 1939 (somm. della classe *Brin* vedi dati e profilo precedente)

Destinato a Taranto presso l'Ufficio Allestimento Sommergibili per seguire l'allestimento del R. Somm. *Console Generale Liuzzi* dal 1° ottobre al 22 novembre 1939, venendo imbarcato sulla medesima unità dal 22 novembre 1939 al 20 maggio 1940.

R. Somm. *Console Generale Liuzzi* classe omonima
Disloc. 1.166/1.484; Lung. 76,1; Larg. 6,98; Imm. 4,55; Arm.: IV tsl. da 533 Av. ; IV tsl. da 533 Ad. I – 100/47; IV – 13,2 a.a.; App. mot.: 2 CRDA 1.500 Hp / 2 CRDA 550 Hp Velocità: 18/8 nodi
Profondità di collaudo: 100 mt.

Imbarca sul R. Somm. posamine *Zoea* dal 20 maggio 1940 al 25 ottobre 1940.
Durante l'imbarco è decorato di Medaglia di Bronzo al Valore Militare (vedi fascicolo)

R. Somm. *Zoea* 2° classe *Foca* 2°
Disloc. 1.318/1.647; Lung. 82,75; Larg. 7,16; Imm. 5,30; Arm.: IV tsl. da 533 Av. ; II tsl. da 533 Ad.
I – 100/43; IV – 13,2 aa.; 16 mine in tubi e 20 mine in camera cemtrale App. mot.: 2 Fiat 1.500 Hp / 2 Ansaldo 650 Hp
Velocità: 16/8 nodi Profondità di collaudo: 100 mt.

Viene imbarcato dal 25 ottobre 1940 al 16 febbraio 191 sul R. Somm. *Brin* con destinazione in base atlantica (*BETASOM*), guadagnando un encomio solenne e una Croce al Valore Militare. Dal 16 febbraio 1941 al 1° febbraio 1942 è imbarcato sul R. Somm. *Reginaldo Giuliani* classe *Liuzzi*.
Dal febbraio 1942 è destinato in Patria presso l l'Ufficio Allestimento Sommergibili di Taranto sino al 20 ottobre 1942.

Dal 21 ottobre 1942 al 6 dicembre 1942 è imbarcato sulla nave da battaglia Vittorio Veneto

R. N. *Vittorio Veneto* classe *Littorio*
Disl. 45.752; Lung. 237,8; Larg. 32,9; Imm. 10,5 Arm. IX-381/50; XII-152/55; XII-90/50; XX-37/54; da XXIV a XXX-20/65; 4-120 illuminanti; 3 aerei App. mot. 8 caldaie; 4 gruppi turboriduttori Belluzzo su 4 eliche.
Potenza 140.000 HP; Vel. 30 n.

Dal 6 dicembre 1942 al 27 dicembre 1942 è imbarcato sul R. Cacciatorpediniere *Bombardiere*

R. CT: *Bombardiere* classe *Camicia Nera* seconda serie
Disl. 2.140; Lung. 106,7; Larg. 10,20; Imm. 4,12; Arm.: IV o V- 102/50; II – 37/54 aa; X o XII – 20/65; I – 120/15 illuminanti; II lanciabas; VI tsl. da 533; App. mot. 3 caldaie; 2 turbine Parsons o Belluzzo; Potenza 50.000 HP; Vel. 39 n.

Dal 28 dicembre 1942 al 20 maggio 1943 è nuovamente imbarcato sulla R. N. *Vittorio Veneto*

Dal 22 maggio 1943 al 31 agosto 1943 è imbarcato sull'incrociatore leggero *Scipione l'Africano* classe *Capitani Romani*. Su questa unità gli è conferita una Medaglia di Bronzo al Valore Militare per una missione di guerra. (vedi fascicolo)

R.N. *Scipione l'Africano*
Disl. 3.745; Lung. 142,9; Larg.14,4; Imm. 4,1; VIII- 135/45; VIII – 37/57; VIII – 20/65; VIII tsl. da 533
App. mot. 4 caldaie; 2 gruppi turboriduttori Potenza 110.000 HP; Vel. 40 n.

Dall'analisi del Fascicolo Matricolare si evincono le elevate doti professionali di un ufficiale della Marina Militare inserito nel Corpo del Genio Navale.
I frequenti e brevi imbarchi nella seconda metà degli anni trenta sono derivati dalla sua attività di tecnico deputato al collaudo e al controllo dei nuovi sommergibili di grande dislocamento costruiti nei due cantieri navali di Monfalcone a Trieste e alla Tosi di Taranto, luoghi in cui è destinato agli uffici specifici di allestimento.
Le sue doti professionali sono confermate dalla Medaglia di Bronzo al Valore Militare, alla Croce di Guerra al valore Militare ed all'Encomio Solenne, meritate durante l'imbarco come Direttore di Macchina su sommergibili di grande dislocamento in missioni in Mediterraneo ed Atlantico.
Anche il suo imbarco su unità di superficie con mansioni di Capo Servizio dal 21 ottobre 1942 al 31 agosto 1943 è gratificato da un'altra Medaglia di Bronzo al Valore Militare conferita durante una pericolosa missione sull'Incrociatore leggero *Scipione l'Africano* quando ormai l'Italia meridionale era invasa.

Questo ricordo, scritto dal Guardiamarina Paolo Posio del Battaglione Barbarigo, *fu pubblicato sul periodico "Decima, Comandante".*

Maracchi Umberto, Mario Adriano figlio di Ottavio

a Livorno   Circondario di

SERVIZI E PROMOZIONI FOTOGRAFATO	DATA del decreto	NAVI NOME
Allievo della R. Accademia Navale (Corso Uff.li M.M.) dal 18/10 924 per D. Ministeriale	27 Novembre 1924	Ferruccio Vespucci Pisa
Arruolato volontario nel C.R.E.M. dal Comando della R. Accademia Navale, per la ferma di anni 4 decorrente dalla nomina ad Ufficiale col n° 11168 N. di matricola come da atto	4 Dicembre 1925	Pacinotti idem idem Trieste Trieste Pacinotti idem
Aspirante Sottotenente G.E.M. con decorrenza	7 novembre 1928	E. Toti Ln. Menotti
Sottotenente del Genio Navale, con anzianità di grado 16 Luglio 1929 e con riserva di anzianità in seguito agli esami sostenuti presso la R. Accademia Navale (Sezione Genio Navale) in applicazione della legge 8 Luglio 1926 Numero 1178 e 1179 per R. Decreto	11 Luglio 1929	Idem Idem Idem Idem Idem Idem Speri Idem Idem (D.M.) Idem Idem
Reg.to alla C. Conti li 21.9 Reg. 3 Marina, foglio 7 Assegnato l'annuo stipendio di L 8800 dal 16-7-929 per D.M/S	10 gennaio 930	
Reg.to li 13-2- Reg. foglio 254 Tenente del Genio Navale con riserva di anzianità e con anzianità di grado 15 Luglio 1930 per R. D°	10 luglio 1930	Bandiera Nani Capo Pou. Ol Sandolo Navi Scuola Da Procida Guglielmotti Archimede S.M.
Reg.to alla C. Conti li 14 Reg. 14 Marina, foglio 126 Assegnato l'annuo stipendio di Lire 10.000 dal 1° luglio 1930 (da S. Tenente) e di Lire 12.200 dal 16 Luglio 1930 (da Tenente) la ½ M.le Reg.to alla C. Conti il 21-2 Reg. 16 Marina, foglio 36 1933	20 gennaio 1933	Giulli S.M.

e di Casnati Emma   nato il 11 marzo 1908

Provincia di ...

NAVIGAZIONE

DATA DELL'IMBARCO	DATA DELLO SBARCO	IN TEMPO DI PACE			IN TEMPO DI GUERRA			CAMPAGNE DI GUERRA, COMBATTIMENTI, FERITE, AZIONI DI MERITO, DECORAZIONI, INCARICHI, MISSIONI SPECIALI
		Anni	Mesi	Giorni	Anni	Mesi	Giorni	
8 luglio 929	21 ottobre 929	-	3	13				Ascritto al Comando in Capo del Dipartimento dell'Alto Tirreno La Spezia per disposizione Ministeriale 20 Luglio 1929
8 luglio 925	15 ottobre 925	-	3	8				
4 luglio 924	6 ottobre 924	-	3	2				
1 agosto 929	6 gennaio 930	-	5	4				Ha prestato giuramento presso il Comando della R.N. "Pacinotti" il 4 Agosto 1929. A.VII°
6 gennaio 930	29 gennaio 930	-	-	23				
29 gennaio 930	16 febbraio 930	-	-	17				
16 febbraio 930	12 marzo 930	-	-	26				Destinato a Genova Scuola Ingegneria Navale dal 5 Novembre 1930 al 1° Agosto 1931.
12 marzo 930	1 maggio 930	-	1	19				
1 maggio 930	15 giugno 930	-	1	14				
15 giugno 930	22 ottobre 930	-	4	7				Destinato a Trieste Ufficio Tecnico del G. Navale dal 10 Agosto al 1° ottobre 1931.
29 novembre 932	1 marzo 933	-	3	2				
1 marzo 933	20 marzo 933	-	-	19				
20 marzo 933	28 giugno 933	-	3	8				Destinato a Genova Scuola Ingegneria Navale dal 1° Ottobre 1931 al 28 luglio 1932.
28 giugno 933	10 agosto 933	-	1	12				
10 agosto 933	1 settembre 933	-	-	21				Disponibile dal 28 luglio al 10 Settembre 932
1 settembre 933	4 settembre 933	-	-	3				
4 settembre 933	10 settembre 933	-	-	6				Destinato a Genova Scuola Ingegneria I^a dal 10 Settembre 1932 al 29 Novembre 1932
10 settembre 933	16 novembre 933	-	2	6				
16 novembre 933	16 dicembre 933	-	1	-				Ha contratto matrimonio a Brescia il 21-10-34 con la signorina Lucia Minocchi
16 dicembre 933	22 dicembre 933	-	-	6				Mobilitato per esigenze di carattere eccezionale ai sensi e per gli effetti dei RR. DD. 1 luglio 1936 n. 1307 e 24 settembre 1936 n. 1816.
22 dicembre 933	1 maggio 935	1	4	9				"Speri" dal 3 ottobre 935 al 6 marzo 936
1 maggio 935	6 marzo 936	-	10	5				" dal 11 giugno 936 all' 11 luglio 936
6 marzo 936	11 giugno 936	-	3	9				
11 giugno 936	11 luglio 936	-	-	26				COMPUTABILE agli effetti dell'art. 1 della legge 1 luglio 1890, n. 7301, il seguente servizio:
11 luglio 936	3 agosto 936	-	-	22				"Bandiera" dal 5 ottobre 1936 al 14-11-937
3 agosto 936	11 agosto 936	-	-	8				
11 agosto 936	14 nov. 937	1	3	3				Disponibile dal 14 novembre 1937 al 15 dicembre 1937
28 maggio 938	15 maggio 938	-	1	17				
14-6-938	27-6-938	-	-	13				Destinato a Taranto - Ufficio Allestimento Sommergibili per allestimento Somm. Flutto Designato ad imbarcarsi a Trieste dal 15-12-937 al 11-2-938
15-9-938	30-9-938	-	-	6				
30-9-938	9-10-38	-	-	8				
1-11-938	13-4-939	-	5	12				
15-4-939	23-5-39	"	"	"				
14-5-39	5-7-39	-	1	18				
22-11-39	20-5-940	-	5	28				

a _____ Circondario di _____

SERVIZI E PROMOZIONI	DATA del decreto	NAVI NOME
Bondelli Umberto		
Assegnato l'annuo stipendio di lire 12.800 dal 16 luglio 1933 per Decreto Ministeriale	5 Dicembre 1933	Loca Brin Giuliani V. Veneto Bombardiere V. Veneto Scipione D.M.
Reg. ... Conti ... Reg. 45 ... Marina foglio 205		
Capitano del Genio Navale con riserva di anzianità e con anzianità di grado 16 giugno 1936 per R°D°=	18 giugno 1936	
Reg.sto alla C. Conti li 6/9/36 Reg. 81, Marina, foglio 21		
Assegnato l'annuo stipendio di ... 14.400 12.672 11.578.24 1° Luglio 1936 per D.M.	19 ottobre 1936	
Reg. C.C. il 26/1/937 Reg. 89 Marina F° 313		
ASSEGNATO lo stipendio annuo lordo di lire 11.000 dal 16-4-38 D.M.	16 Marzo 1939	
Reg. C.C. il 20-9-39 Reg. 10 Marina R° 60		
Maggiore del Genio Navale N. di con anzianità di grado e decorrenza amministrativa dal 1° ottobre 1942 per R.D.	18 ottobre 1942	
Reg. C.C. il 9-2-943 Reg. 4 Marina F° 58		
ASSEGNATO lo stipendio annuo lordo di lire 17.820 dal 1-9-41 D.M. gistr. alla C. Conti il 8-8-41 Reg. 9 Marina, fogl 486	16 Maggio 1942	
AMMESSO allo stipendio di lire 19.500 / 6.880 dal 1-11-941 per Regio Decreto Ministeriale del Reg. CC 21-4-43 Reg N°6 Marina F° 21	18 Dicembre 1942	
Sospeso dall'impiego a tempo indeterminato in attesa di procedimento penale, a decorrere dal 14 Settembre 944= per ... del Reg. ... 936	14 Settembre 1944	

Provincia di _____ N. di catal. 1893 - (Intero.)

VIGAZIONE			IN TEMPO DI PACE			IN TEMPO DI GUERRA			CAMPAGNE DI GUERRA, COMBATTIMENTI, FERITE AZIONI DI MERITO, DECORAZIONI, INCARICHI, MISSIONI SPECIALI
DATA								
DELL'IMBARCO	DELLO SBARCO	Anni	Mesi	Giorni	Anni	Mesi	Giorni	
20-5-940	25-10-940	–	4	10	–	4	15	Destinato a Monfalcone - Ufficio Allestimento
25-10-940	16-2-941				–	3	21	Sommergibile dal 1.10-Febbraio
16-2-941	1-2-942				–	11	15	1938 al 28-3-938 per alle-
21-10-42	6-12-42				–	1	15	stimento Somm. Navi designato
6-12-42	27-12-42				–	–	21	imbarcare D.M. e dal 16 Maggio 1938
28-12-42	20-5-943	"	"	"	"	4	22	al 14 Giugno 1938
22-5-943	31-8-943	"	"	"	"	3	9	Destinato a Taranto - Ufficio Allestimento

Sommergibili dal 13-4-939 al 15-4-939
Destinato a Taranto Uff. All. Sug. dal 6-7-39
al 1- ottobre 1939
Destinato a Taranto - per allestimento Nave
Liulli designato imbarcare D. M.
dal 1- Ottobre 1939 al 22-11-939

Autorizzato a fregiarsi del nastrino
della Medaglia Commemorativa per
la spedizione in Albania.

Medaglia di Bronzo al Valor Militare

« Direttore di macchina di sommergibile posamine, durante un'ardita
« missione svolta in prossimità di una base nemica e conclusa con la posa
« di uno sbarramento, coadiuvava con esemplare serenità d'animo, peri-
« zia e coraggio il suo Comandante, contribuendo efficacemente con la sua
« opera fattiva a sormontare gravi difficoltà causate da avarie del ma-
« teriale ».

(Mediterraneo Orientale, 7-22 ottobre 1940-XVIII)
(Determinazione del 10 febbraio 1941-XIX)

Encomio Solenne
« In località lontana dalla base
« contribuiva in modo efficace con
« tenacia ed entusiasmo a ripristinare
« rapidamente la piena efficienza del
« proprio sommergibile danneggiato da
« offesa nemica »
Oceano Atlantico, dicembre 1940
(all. f.o. del 8 marzo 1948)
Destinato a Taranto - Ufficio Allestimento sommergibili
dal 1-9-942 al 20-10-942

_a_ .... Circondario di ....

SERVIZI E PROMOZIONI	DATA del decreto	NAVI NOME	
Bordelli Umberto			
Ucciso dai patrioti nel luglio 1944 - (f° 116424 del 27-1-1945 dell'Uff. Inf. Famiglie)			
Annullato totalmente a tutti gli effetti il dt. 11-9-940 sulla parte riguardante la sospensione precauzionale del Sig.ro D.P.	92 Gennaio 1952		
Registrato alla Corte dei Conti il 11-3-52 Registro n° 4 Marina, Foglio n° 215			

DATA		IN TEMPO DI PACE			IN TEMPO DI GUERRA			CAMPAGNE DI GUERRA, COMBATTIMENTI, FERITE AZIONI DI MERITO, DECORAZIONI, INCARICHI, MISSIONI SPECIALI
DELL'IMBARCO	DELLO SBARCO	Anni	Mesi	Giorni	Anni	Mesi	Giorni	
								Trasferito dal dipartimento Militare Marittimo di La Spezia a quello di Taranto (f.o 20.6.943-xx)
								Croce al Valor Militare: "Direttore di macchina di sommergibile, partecipava a numerose missioni dando prova di costante combattività, spirito di sacrificio ed elevato sentimento del dovere". (Determinazione del 13 giugno 1943)
								Disponibile in licenza di convalescenza dall'1-9-943 all' 8-9-943
								Ha prestato giuramento presso il Comando X° Flott. Mas il 14-1-944 per la R.S.I.
								"Medaglia di Bronzo: ...Capo Servizio G.N. di incrociatore leggero, in una missione particolarmente delicata, assumeva con la perizia propria competente ed esperta il felice esito della missione stessa. Attaccata l'unità di notte da cacciatorpediniere nemiche, era di esempio agli inferiori per coraggio e sentito cameratismo con l'adempimento del proprio, senza perdita ed annientamento... In territorio occupato dal nemico dal 8.9.43 nel luglio 1944. La Commissione Centrale di discriminazione ha giudicato l'ufficiale superiore idoneo a rimanere nei Ruoli fino all' età ...

e di .... nato il 1863

Provincia di ....

N. di catal. 1863 - (intero.)

VIGAZIONE								
DATA		IN TEMPO DI PACE			IN TEMPO DI GUERRA			CAMPAGNE DI GUERRA, COMBATTIMENTI, FERITE AZIONI DI MERITO, DECORAZIONI, INCARICHI, MISSIONI SPECIALI
DELL'IMBARCO	DELLO SBARCO	Anni	Mesi	Giorni	Anni	Mesi	Giorni	
								del decesso (8.7.44) avvenuta in servizio ma non per causa di servizio
								Df. 2/Z 327/R P del 4.2.51 di [illegible]
								In base alla legge 390 del 24.4.50 sono state computate le seguenti campagne di guerra:
								Campagna di guerra per l'anno 1940
								" " " 1941
								" " " 1942
								" " " 1943
	Pratica respata il 6.6.63							

Arpino, 1925 - Soc. Tip. Arpinate - 44 X 64 - Ord. 385

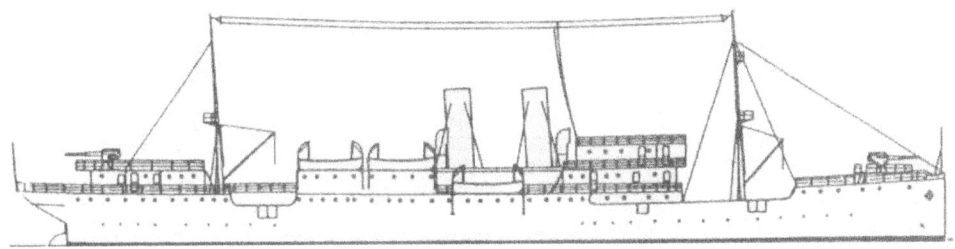

Regia Nave appoggio somm. Pacinotti

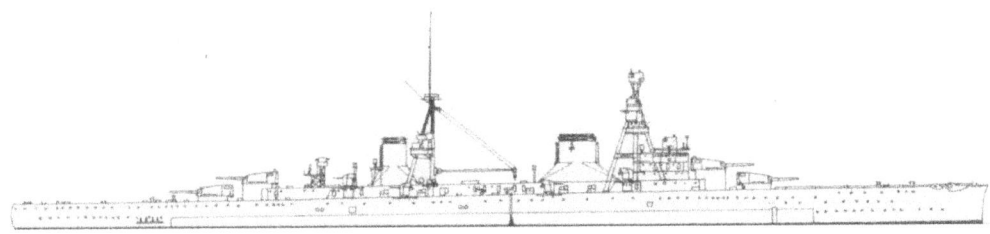

R. I. Trieste

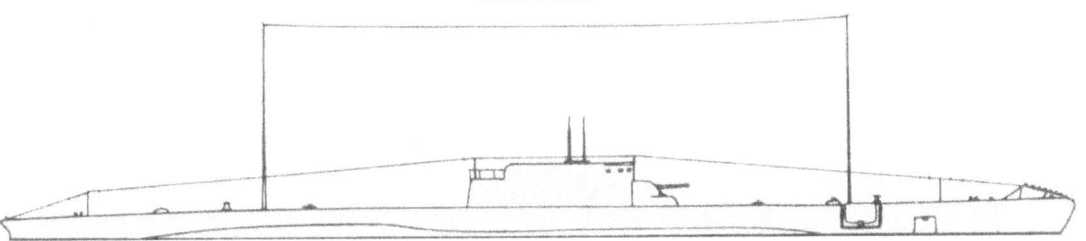

R. Somm. Toti classe Balilla 2

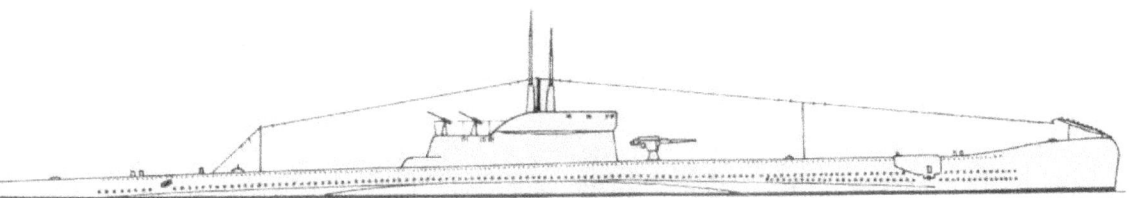

R.Somm. Ciro Menotti classe Bandiera

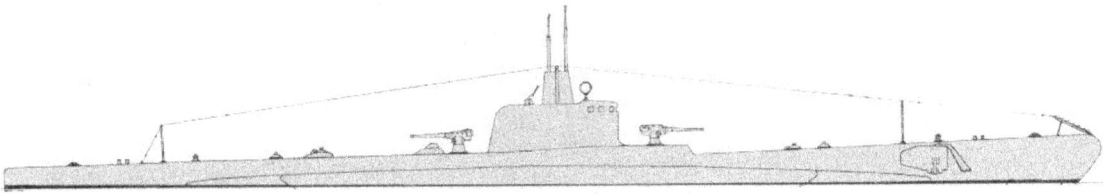

R. Somm. Nani classe Marcello

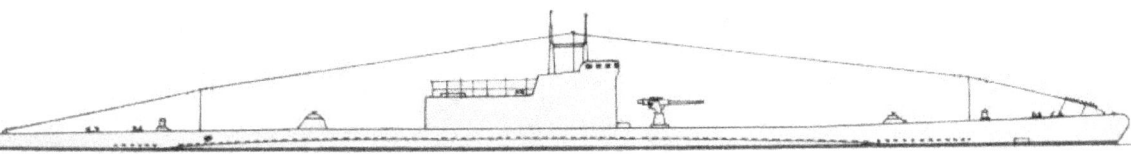

R. Somm. Da Procida classe Mameli

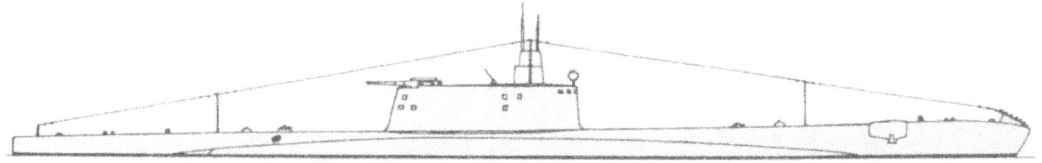

R. Somm. Guglielmotti 2° classe Brin

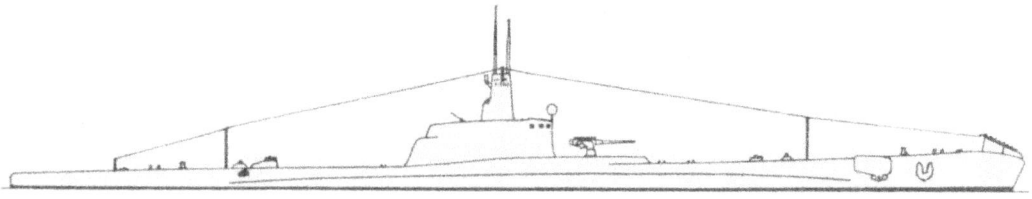

R. Somm. Console Generale Liuzzi classe omonima

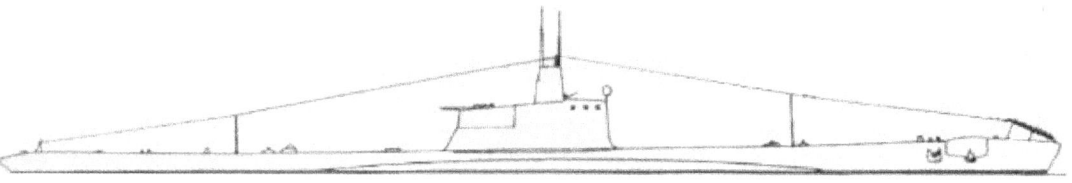

R. Somm. Zoea 2° classe Foca 2°

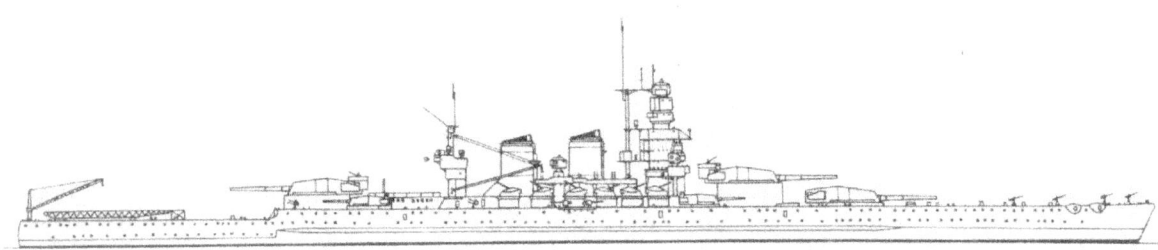

R. N. Vittorio Veneto classe Littorio

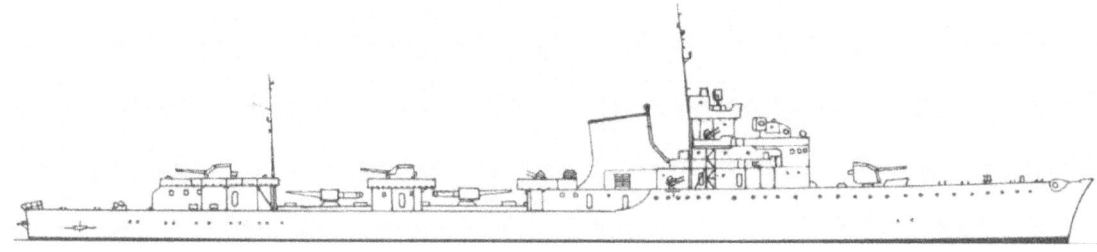

R. CT. Bombardiere classe Camicia Nera seconda serie

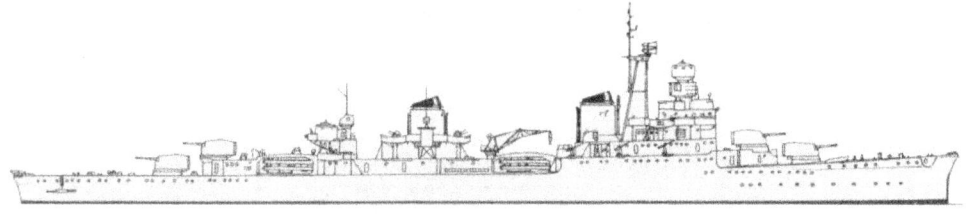

R.N. Scipione l'Africano

Il Cacciatorpediniere Bombardiere.

L'Incrociatore Posamine Scipione l'Africano.

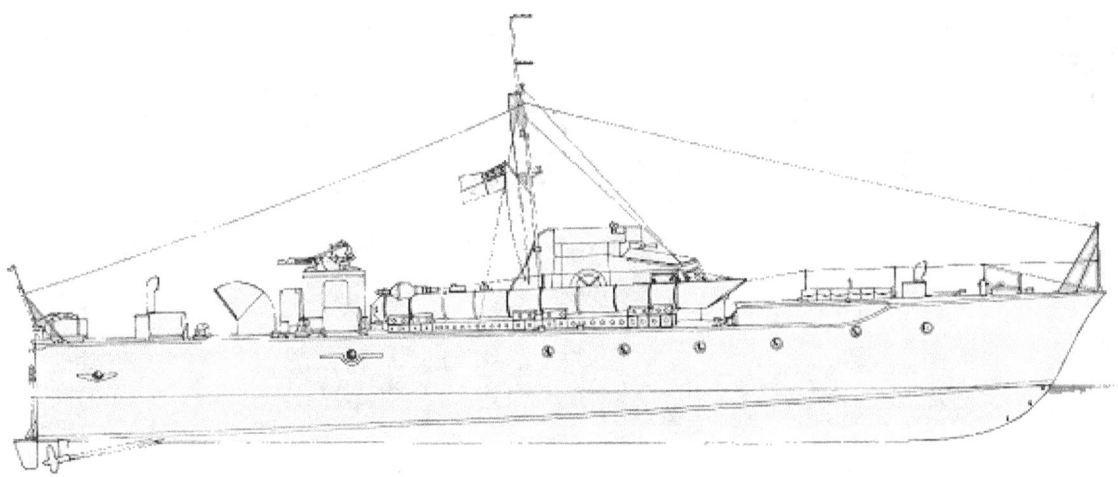

Il profilo di una motosilurante MTB Vosper *modello 1941. Tre MTB di questo tipo affronteranno senza successo lo* Scipione *durante il forzamento dello Stretto di Messina.*

L'Incrociatore Posamine Scipione l'Africano *nel 1942 (Cherini)*.

Alcuni degli Ufficiali del Maestrale. *Da sinistra in alto: Tognoloni, Cencetti, Pirini, Posio. In basso: Riondino, Accardo, Pezzotta. Notare come tutti portino le stellette sulle mostrine e come solo Posio abbia lo scudetto da braccio "Decima Flottiglia".*

La difesa dell'Istria poco dopo l'Armistizio: Ufficiali della Marina, con l'equipaggiamento per l'impiego a terra, assieme ad un Ufficiale dei Bersaglieri e un Tenente tedesco. Nella foto sotto personale della Marina Nazionale Repubblicana a Pola.

I primi Volontari del Maestrale *sono passati in rassegna da un Ufficiale tedesco.*

La benedizione del Labaro del Barbarigo, nelle mani del Comandante Bardelli, da parte del Cappellano Don Graziani. Sono presenti il Comandante Borghese il Capo della Provincia Turchi.

Marò della 3ª Compagnia alla Caserma Grazioli Lante di Roma.

Lettera inviata al Duce il 26 febbraio 1944, e firmata dagli Ufficiali del Barbarigo, prima della partenza per il fronte di Nettuno. La prima firma è quella del Comandante di Corvetta Umberto Bardelli.

Il Capitano di Corvetta Umberto Bardelli saluta il Generale Kurt Mältzer. Notare il grado dipinto sul lato dell'elmetto del Comandante Bardelli.

Borghese e Bardelli a colloquio con l'Oberst von Schellerer.

Borghese e Bardelli a colloquio con l'Oberst von Schellerer: notare i nastrini delle due MBVM e il Distintivo di Sommergibilista di Bardelli e le riconferme della EK I e II di von Schellerer.

La visita in linea del Comandante Borghese. Sul sedile posteriore il Capitano di Corvetta Bardelli, sul sedile anteriore sinistro la moglie Luigia Maresca Bardelli.

Un altro momento della visita, sulla sinistra di spalle con la giacca chiara Umberto Bardelli.

Nettuno, aprile 1944. La 3ª Compagnia riceve la visita del Comandante Borghese, accompagnato dal Capitano di Corvetta Bardelli e dal Guardiamarina Leoncini.

Il Comandante Bardelli conferisce con alcuni Ufficiali del Barbarigo.

Il Sottotenente di Vascello Cencetti assieme al Guardiamarina Bordogna.
Notare il distintivo da paracadutista del GM Bordogna.

*Il Capitano di Corvetta MOVM Umberto Bardelli.
Notare la mostreggiatura del cappotto e il guidoncino del Battaglione.*

Il Capitano di Corvetta Bardelli a Nettuno.

Ivrea, luglio 1944. Ufficiali del Barbarigo *in divisa estiva.*

Il paese e la stazione di Ozegna.

Ozegna Canavese - Stazione Ferroviaria

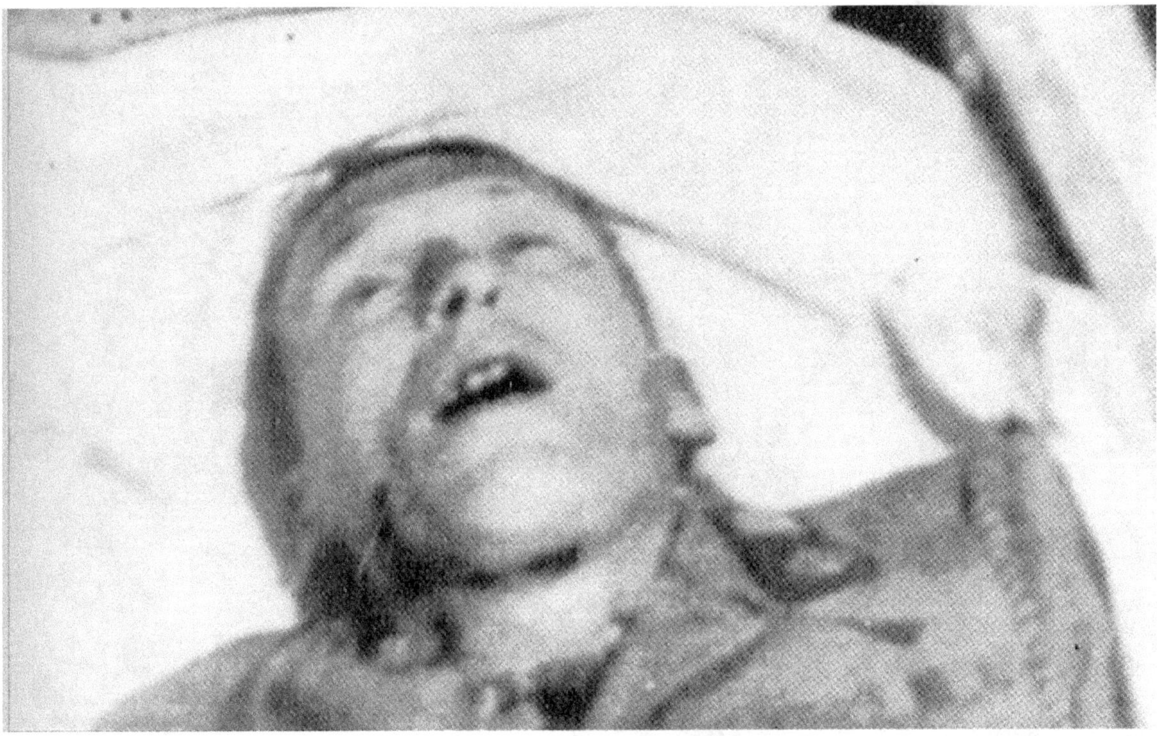

La salma del Comandante Bardelli.

I Marò Fiaschi e Grosso, lordati di letame.

Lisetta Bardelli con il Capitano di Fregata Carallo e il Principe Borghese al funerale del marito.

La bara del Comandante Bardelli. Il primo Ufficiale a destra è il Tenente Bordogna.

*Le salme del Capitano di Corvetta Bardelli e dei suoi Marò.
Nella foto in alto, indicato dalla freccia, il Guardiamarina Giorgio Farotti.*

Cimitero del Verano, Tomba Duelli. Lapide con i nomi dei Caduti del Barbarigo.

*Nettuno, 16 giugno 2005. La Cerimonia della traslazione dei resti dei Caduti del Barbarigo, trasferiti dal Onorcaduti dal Verano al Cimitero Militare – Campo della Memoria.
L'attesa dell'arrivo delle cassette.*

Campo della Memoria, 16 giugno 2005. Le cassette contenenti i resti dei Caduti del Barbarigo *sono scaricate da soldati dell'Esercito Italiano.*

Campo della Memoria, 16 giugno 2005. Il Guardiamarina Leoncini, reduce di Nettuno, ha appena portato una cassetta nel suo loculo.

Il Guardiamarina Posio riceve la cassetta contenente le spoglie del Comandante Bardelli.

Il loculo dove riposa il Comandante Bardelli, vicino ai suoi Marò.

RICORDO DI UMBERTO BARDELLI

di Paolo Posio

"Sono passati ormai cinquant'anni -mezzo secolo!- da quando per l'ultima volta scambiai un paio di battute con il Comandante Bardelli che, rivedendomi per la prima volta ad Ivrea dopo Nettuno, tra il burbero e lo scherzoso mi disse: "Posio, tra me e te c'è Firenze". Io compresi al volo l'accenno ad un episodio che, giustamente, ritenevo irrilevante e sorridendo gli risposi: "Sempre ai Suoi ordini, Comandante". Mi sorrise e con un gesto di arrivederci e si allontanò.

Non ci saremmo più rivisti. Il giorno dopo egli cadeva ad Ozegna lasciando tutti noi del *Barbarigo* orfani del loro indiscusso Comandante. Ogni volta, e sono ormai tante, che mi reco al Verano per ritrovare i Marò del *Barbarigo* caduti a Nettuno che l'amore e la Pietas della cara "Scelta Duelli" ha voluto e saputo comporre nel Cimitero della Città per la cui difesa sono caduti, è grande l'emozione nel leggere i nomi incisi nel marmo e rivedere, quasi in un sogno, i volti giovinetti dei miei ragazzi della Seconda Compagnia - Lucidi, Falessi, Polacci e tanti altri- con i quali ho vissuto gomito a gomito per tanti mesi nelle buche fangose di strada Nascosa, del Gorgolicino e di Cisterna e che lì hanno fatto dono alla Patria della loro giovinezza.

Ma l'emozione più grande l'ho sempre provata alla vista, tra i loro, del nome di Umberto Bardelli non caduto sul fronte di Nettuno in uno scontro leale come avrebbe meritato, ma assassinato in una scorretta imboscata tesagli da italiani.

E la profonda emozione è provocata non già dal fatto che Egli è stato il creatore, il primo Comandante e l'anima del *Barbarigo* -e già per questo sarebbe più che giustificata- ma per il ricordo della Sua straordinaria, umanissima personalità che, attraverso i tanti contatti con Lui avuti, io sottotenente ventiduenne ho, via via, scoperto e apprezzato. E poiché non intendo fare dell'agiografia, alla quale non sono portato, mi limiterò a descrivere taluni episodi che me lo hanno reso indimenticabile.

Primi giorni del novembre 1943: avevo ripreso servizio da circa un mese a Firenze presso il Comando Regionale della Toscana e sembravo destinato all'inquadramento delle reclute delle classi 1924 e 1925 al cui arruolamento avevo burocraticamente partecipato al locale Distretto Militare. L'ambiente in cui operavo non era dei più simpatici e, mentre il mio rapporto con i soldati era, come sempre in passato, ottimo altrettanto non posso dire di quello con i colleghi che, in più di un caso, apparivano preoccupati più dei propri interessi, soprattutto economici, che non di ritornare al più presto all'azione.

In questo stato d'animo una sera incontrai in un locale di Piazza Vittorio molto frequentato dai militari italiani e tedeschi due colleghi indossanti una divisa simile a quella dei paracadutisti contrassegnata da mostrine di tipo a me sconosciuto e da uno scudetto azzurro, caratterizzato da un simbolo che, al momento, mi sembrò una X sovrastante un teschio dorato con una rosa rossa in bocca. Non vi prestai soverchia attenzione perché in quell'epoca si vedevano in circolazione divise e distintive dei più vari tipi, ma simpatizzai subito soprattutto con uno dei due che mi parlò, addirittura con passione, della X Flottiglia Mas alla quale apparteneva. Mi disse del Comandante Borghese che -unico- mai aveva ammainato il tricolore, mi parlò dei reparti di terra che andavano formandosi attorno ai marinai della flottiglia, mi spiegò che lui faceva parte di un reparto di nuotatori - paracadutisti. Io che ormai avevo sentito parlare di tali specializzazioni e delle prospettive che offrivano, mi entusiasmai alle parole del collega che finì per esplicitamente invitarmi ad unirmi a loro.

Come ho detto, stavo attraversando un periodo di vera e propria crisi, non vedevo alcuna possibilità di tornare, quanto meno in tempi brevi, a fare l'alpino come avrei voluto. La prospettiva di fare il paracadutista, d'altro canto, mi allettava avendone in passato avuta l'aspirazione alla quale avevo tuttavia rinunciato per amore della penna. Decisi pertanto di andare a La Spezia per arruolarmi nella X . Ero però un Ufficiale con 32 mesi di servizio alle spalle onde ritenni doveroso chiedere al Comando dal quale dipendevo la "bassa di passaggio" per la nuova destinazione. Con mia meraviglia (e, forse, con sollievo dei miei temporanei superiori) la mia richiesta fu subito accolta talché il giorno successivo prendevo il treno per la nuova destinazione e, nel primo pomeriggio, mi presentavo a San Bartolomeo all'Ufficio Arruolamento.

L'Ufficiale addetto non prese neppure in considerazione il documento di trasferimento che gli esibivo ma, senza alcuna burocrazia, appreso che volevo fare il paracadutista, riempì un modulo avviandomi ad un'infermeria (o qualcosa del genere) per la visita medica.

Mentre percorrevo il grande cortile affollatissimo di volontari in borghese e di militari della Marina e dell'Esercito, mi sentii ad un certo momento chiamare con la frase: "Alpino, dove stai andando?" e mi trovai di fronte un Ufficiale Superiore in divisa grigioverde, basco in testa e caramella incastrata all'occhio destro.

Scattai sull'attenti e dissi, mostrando il modulo che mi era stato appena consegnato, che stavo andando alla visita medica per gli N.P,- Il Maggiore (non era ancora entrato nel concetto che, pur essendo vestito in grigioverde, egli era un Capitano di Corvetta, cui ci si rivolgeva con l'appellativo di "Comandante") prese il foglio che gli mostravo, lo lacerò e mi disse: "niente N.P. Tu farai parte del Battaglione Maestrale; -Così conobbi il Comandante Umberto Bardelli- Egli ml prese confidenzialmente sottobraccio, non tenne in alcun conto le mie (deboli!) proteste e, quasi affascinato, di colpo, mi trovai a far parte della 2a Compagnia del Battaglione Maestrale agli ordini del Tenente Giulio Cencetti. Non ho mai rimpianto la scelta (si fa per dire!) in tal modo fatta. Mi trovai subito a perfetto agio con Cencetti, con gli altri colleghi e superiori del Battaglione e, soprattutto con i Marò che trovai oltremodo interessanti anche se diversi dai meravigliosi alpini ai quali ero da anni abituato.

Ma soprattutto mi trovavo a mio agio con il Comandante del quale apprezzavo la semplicità, l'entusiasmo e la praticità e che mi dimostrava per diversi versi simpatia e fiducia, al punto di coinvolgermi, senza neppure interpellarmi perché mi aveva perfettamente capito, negli avvenimenti del 9 gennaio 1944 che tanta importanza hanno avuto nella vicenda della X e che mi fruttarono, in concorso con Lui con il Comandante Buttazzoni e con altri colleghi un deferimento al Tribunale Militare.

Venne poi la partenza del Battaglione (che aveva assunto il nome di Barbarigo) per Roma e l'entrata in linea sul fronte di Nettuno.

E proprio in questa occasione e negli avvenimenti che seguirono trovai motivi di ulteriore apprezzamento del Suo carattere e della Sua condotta.

Ammirai l'abilità, unita ad estrema dignità, con le quali tenne i rapporti con i Tedeschi che, come è universalmente noto, pur essendo straordinari soldati, hanno una inguaribile tendenza a rendere difficili i rapporti con alleati e collaboratori di altre nazionalità.

Il Comandante Bardelli seppe trovare la giusta maniera per mantenere una perfetta autonomia del *Barbarigo* pur gerarchicamente inquadrato in una grande unità germanica, ed attuarne la sua evoluzione in gruppo da combattimento con la creazione di reparti di Artiglieria.

I rapporti con il Comandante, anche dopo la mia destinazione al comando della 2a Compagnia, divennero però assai più radi, sia per ragioni di dislocazione dei reparti dipendenti, sia perché, in sostanza, la gestione tattica del *Barbarigo* era stata da Lui affidata al Capitano Vallauri.

Ritengo che questa delega di poteri costituisca un'ulteriore prova dell'intelligenza di Bardelli che non aveva tardato a rendersi conto che il comando di un Battaglione sul terreno era ben diverso dalla sua esperienza di sommergibilista e che per tale compito era necessaria una specifica preparazione.

Ciò nonostante la Sua azione di comando non verrà mai meno sul piano organizzativo e "diplomatico", mentre i non più frequentissimi contatti con i Marò, allorché si verificavano davano sempre luogo a vere e proprie iniezioni di fiducia ed entusiasmo.

Poi lo sfondamento del Fronte sud e l'inevitabile duro e, -a tratti- penoso ripiegamento dei soldati dalla testa di Ponte su Roma dove ci riunimmo nella Caserma del Maridist.

Furono giorni in cui i miei contatti col Comandante furono assai frequenti Ricordo che, nel corso di una conversazione il cui tema era costituito dalle attività partigiane che stavano prendendo corpo a nord, egli espresse il Suo desiderio che fosse evitato ogni scontro tra italiani.

Facciano pure la guerra ai tedeschi, se lo ritengono giusto, disse in sintesi, ma consentano a noi di proseguire, per l'onore d'Italia, quella contro gli angloamericani.

Forte dell'esperienza accumulata negli anni di guerriglia in Montenegro, Slovenia e, purtroppo, in provincia di Gorizia espressi le mie perplessità sulla possibilità di una simile condotta. Purtroppo qualche settimana più tardi Ozegna doveva darmi ragione.

Ma proprio a Roma, in quei giorni, ebbi modo di valutare appieno le Sue qualità.

Fu in occasione del Suo lungo incontro notturno - al quale fui presente assieme a Cencetti - con il conte Thun nel corso del quale egli pretese (ed ottenne!) dal Comando Tedesco il riconoscimento ufficiale di quanto il Barbarigo aveva fatto per la difesa di Roma.

Fu una vera e propria appassionata arringa che Egli pronunciò in difesa dell'opera svolta dai Suoi Marò non priva di punte polemiche nei confronti di taluni "alleati".

Al termine della discussione, a tratti addirittura aspra, una cordiale stretta di mano tra i due siglò l'avvenuta chiarificazione dei rapporti.

Credo che, proprio a seguito di tale incontro, la sera del 4 giugno una Compagnia di formazione del *Barbarigo* agli ordini del Capitano Betti (e di cui ebbi l'onore di far parte) raggiunse nella notte l'estrema Periferia di Roma, nei pressi di Cinecittà per costituire l'ultima retroguardia dell'esercito in ritirata. rientrando al Distaccamento Marina nella mattinata del 5 giugno e ripiegando quindi a nord, *pedibus calcantibus*, attraverso ponte Milvio e La Storta nel primo pomeriggio.

La motivazione della massima ricompensa militare, meritatamente attribuitagli "alla memoria", ha consegnato alla Storia la Sua figura. Io qui ho voluto ricordarLo nei termini semplici di un Suo soldato sperando però di aver così interpretato il pensiero di tutti i superstiti del Battaglione *Barbarigo* che, come me, Gli hanno voluto bene e che hanno trovato forza ed ispirazione nel grido da Lui lanciato in faccia ai Suoi assassini: "Il *Barbarigo* non si arrende".

1944 - 3 GIUGNO - 2005

di Raffaella Duelli

L'*Ausiliaria Scelta Raffaella Duelli ricorda, poco prima della sua partenza da Roma, un colloquio con il Comandante Bardelli, impegnato nel triste compito di organizzare il rientro a La Spezia degli uomini abili e dei feriti del Battaglione* Barbarigo.

Quando il 26 maggio 2005 ho varcato l'ingresso della Caserma "Grazioli Lante" di Largo Randaccio a Roma, avevo al mio fianco mia nipote Francesca che con la sua macchina, piccolo pullman da famiglia numerosa, si era offerta ad accompagnarmi.
"...accompagno mia nonna nella sua vecchia Caserma...", l'avevo sentita bisbigliare nel suo cellulare...
Poi, improvvisamente, ero lì: le due ancore all'ingresso, il cortile con le grandi scritte - sempre quelle - e l'ampia scalinata a sinistra.
3 giugno 1944!
Nel mio ricordo lontano, seduto sui gradini di quello scalone, il Comandante Bardelli e la sua voce un po' "strozzata"... "vai a salutare i tuoi e torna subito...; tutti lasciamo Roma..."
Intorno alla piazza e nel cortile il rumore dei grandi mezzi che si stanno riscaldando, la fila delle barelle con i feriti raccolti nelle camerate del Celio o dell'Ospedale da campo dell'Abbadia di Valvisciolo: un susseguirsi di ordini e di interrogativi.
C'è ancora il sole: l'ora legale ha allungato di due ore le nostre giornate.
Lontano - ma forse è più nel mio cuore che nelle mie orecchie - l'inconfondibile rombo di un esercito in movimento.
"...Raffaella, prima di andare a casa, togliti il basco e la giacca..."

Anche oggi c'è il sole a Largo Randaccio ed io sono solo una vecchia signora che si commuove per la rispettosa attenzione al suo passato di una generazione di marinai che quei momenti lontani del 1944 posso rivivere solo attraverso i miei racconti.
"...vuole trattenersi a mensa con noi?..." ... "... è un buon rancio..."
Ma niente potrebbe essere più buono di quei quattro supplì che riuscivo a sottrarre alla mia fame, ogni sera, per rallegrare quattro piccoli fratelli che mi aspettavano a casa..

Ricordo, rivivo e scrivo oggi, 3 giugno 2005, sessantuno anni dopo!
Ieri mattina ho seguito alla televisione la parata militare: c'erano tutti. Tutti. I grandi ed i meno grandi.
Non c'eravamo noi.

Un piccolo Sacrario a Nettuno accoglierà, il prossimo 16 giugno 2005, sessantacinque Caduti, Marò di quel "Battaglione *Barbarigo*" che avevano riempito, allora, con la loro giovinezza, con le loro canzoni e il loro amore di Patria la Caserma di Largo Randaccio: un Sacrario, oggi, a Loro dedicato, come Eterno Ricordo della loro gioventù, offerta e spenta prematuramente per la Patria!

Anche se le Loro insegne non hanno sventolato in Via dei Fori Imperiali!

LETTERA APERTA A "PIERO PIERO"

di Mario Tedeschi

Lettera scritta dal Sergente A.U. Mario Tedeschi del Barbarigo, catturato ad Ozegna e in seguito liberato, e pubblicata il 18 luglio 1944 su "Repubblica Fascista".

"Credo, Piero, che non avrei accettato l'invito fattomi di scrivere quanto è passato in questi giorni dall'8 al 15, se al mio ritorno ad Ivrea non avessi veduto le fotografie dei miei compagni caduti nell'imboscata di Ozegna.

Il viso sfigurato di Bardelli, morto da eroe; la sua bocca che le mani dei tuoi avevano lasciata spalancata dopo averne strappato i denti d'oro; la figura orrendamente deturpata del povero Fiaschi ucciso con un colpo a bruciapelo nel cranio mentre già rantolava ferito; quei volti lordati oscenamente di fango; quelle divise lacerate dall'ansia del predone che frugava, hanno rinvigorito, se possibile, il risentimento dell'animo mio.

Chi scrive queste righe, e lo riconoscerai dalla firma, é uno che ti ha dimostrato di non aver paura. Non sono quindi le ripetute minacce di morte, di arruolamento al "Battaglione San Pietro", come voi dite, che mi ispirano; ma é la ferita profonda lasciata nell'animo mio dall'aver veduto a quali punti di bassezza possono giungere gli Italiani.

Lo slavo che alla sera dell'8, sulla piazza di Pont Canavese, ci prometteva di tagliarci

prima il naso, poi le orecchie e, infine, il ventre, é molto superiore a voi che fingeste di trattare con Bardelli per far giungere i rinforzi e circondarci nella piazzetta della Chiesa, dove noi attendevamo con le armi scariche, fiduciosi della vostra parola.

Venivamo dal fronte, dove avevamo combattuto non per un partito o per lo straniero, ma per l'Italia, cosi come voi stessi dite di fare: eppure sono degli Italiani che incolonnarono i 29 prigionieri per le vie di Pont Canavese, così come sono italiani quelli che accompagnarono la sfilata percuotendoci e sputandoci in viso.

É assai poco nobile, credimi, abbandonare all'odio e all'insulto stupido e bestiale di una popolazione accecata, dei soldati che hanno combattuto bene e si sono dovuti arrendere solo perché senza munizioni!

Poi tentaste di convincerci a cambiar bandiera: e per sette giorni di fila fu un alternarsi di velate minacce e di botte propagandistiche; di menzogne sull'andamento della guerra e sul comportamento dei nostri Comandi. Nessuno, del *Barbarigo*, ha ceduto. Tu lo sai. Ma parliamo di voi, dei tuoi uomini, che qui si conoscono solo attraverso le voci di due propagande opposte.

Il gruppo Piero è cosi composto:
1) Una grandissima parte, formata per lo più di renitenti alla leva, che sta sui monti per paura di combattere; costoro, logicamente, non vanno in azione, ma sbrigano i servizi;
2) una parte risultante di individui che non possono scendere in pianura avendo commesso dei reati comuni nel periodo dal 25 luglio ad oggi;
3) una parte minima di individui che formano il nucleo combattente; parte in cui ho trovato qualche raro elemento che vorrei fosse con noi.

La proporzione tra i combattenti e gli imboscati é dell'1 a 10. A questo aggiungi che tutta la massa va avanti per forza d'inerzia, senza che sia possibile applicarle una benché minima forma di disciplina. É stato un tuo amico che confessò ad uno di noi: "Se tentiamo di instaurare la disciplina qui restiamo in due".

Questo gruppo di persone che financo nel vestire dimostra la zingaresca essenza della cosa (ho visto uno dei vostri pavoneggiarsi di un berretto da gerarca fascista con su alcune penne rosse) vive distruggendo il patrimonio zootecnico della Valsassina, togliendo ai contadini burro e farina, prendendo (naturalmente in nome dell'Italia) tutto quello che vuole, ovunque lo trovi. E infatti vi vantate di non aver soldi in tasca, pur non mancando di nulla. Con simili combattenti mi diceste di voler rifare l'Italia, ma chiunque ragiona sa benissimo che la pace segnerà lo scioglimento improvviso dei reparti partigiani, dato che il 99,9 dei componenti altro non attende che quell'ora per tornare a casa, infischiandosene della situazione politica e dell'interesse nazionale.

E evidente quindi che voi fate il gioco degli Inglesi, che voi proclamate di voler eliminare come i Tedeschi, e del Comitato di Liberazione Nazionale, composto di dementi più o meno bastardi che speculano sul momento. A rinforzare la cosa noto infine che tutti i ribelli che ho incontrato vivono esclusivamente sulla propaganda di radio Londra, la quale li sorregge con menzogne che vengono tranquillissimamente bevute.

Non fummo forse avvisati nel nostro periodo di prigionia che Londra aveva comunicato che Milano era stata violentemente bombardata e che uno sciopero generale era scoppiato a Genova, Milano e Torino? Allontanati da ogni contatto, i tuoi uomini guardano oggi con gli occhi che loro volle dare il nemico: credi Piero, che questo sia bene per l'Italia? Non si deve forse proprio a questo la tremenda confusione di idee che ho notato fra voi per cui combattete per Badoglio chiamandolo "bastardo"?

Vi dite comunisti ossequiando i preti, vi chiamate liberi affidando il servizio viveri e il controllo dei rifornimenti ad un inglese, proclamate l'uguaglianza lasciando che il Comitato di Liberazione vi abbandoni sui monti senza un soldo, appropriandosi dei vari chili di biglietti da mille lanciati dagli aerei, vi dite patrioti terrorizzando le innocue popolazioni con le requisizioni forzate e con i saccheggi. Questa l'impressione fotografica dei ribelli di Val Soana.

Del periodo di prigionia non credo sia necessario parlare. è stato un alternarsi continuo di ansie e di calma, durante il quale siamo stati trattati con ipocrita cordialità. Il fatto che ci abbiate costretti in trenta in due stanzette, obbligati a lavare i vostri piatti, promessa ogni giorno la libertà, sono cose trascurabili di fronte al dolore provocato nel vedere quanto in basso sia caduta questa nostra Patria adorata. É per questo che noi, Piero, ci auguriamo di tornare presto al fronte.

Ti sia ben chiaro però che mentre dall'imboscata di Ozegna tu non hai guadagnato che i pochi oggetti che avevamo indosso (ci toglieste persino la cinghia dei pantaloni) e il nostro denaro, noi abbiamo riportato il ricordo incancellabile della voce di Bardelli che grida: "*Barbarigo* non si arrende!" additandoci così la via della vendetta e dell'onore".

Lettera di risposta di Piero Urati a Mario Tedeschi

Risposta delle Brigate Matteotti al giornalista Concetto Pettinato del quotidiano *La Stampa* e riferito ai fatti di Ozegna dell'8 luglio 1944.
Esercito di Liberazione nazionale aderente al CNL
Divisione Matteotti - Brigata "Davito Giorgio"

I giornali cittadini di Torino in una loro nota in data 19 luglio u s riportano un articolo firmato dal marò MARIO TEDESCHI del Battaglione BARBARIGO nel quale secondo il detto dell'autore, il capo dei banditi della VALSOANA, PIERO, IN UNA SUA AZIONE CONTRO UOMINI DEL BATTAGLIONE BARBARIGO, abbia vilmente ucciso il COMANDANTE BARDELLI e dieci suoi uomini.

Prima di voler cominciare la cronistoria, la geneologia ed il fatto avvenuto in combattimento tra la squadra d'azione del mio gruppo ed un forte contingente del Barbango a Ozegna, diffido in maniera assoluta i giornali di Torino a pubblicare notizie inconscie e non risultanti a verità, date da militari che sono spinti al loro sentimento di voler fare passare come banditi i Patrioti italiani.

Avanti a me ho il giornale "La stampa" con direttore responsabile CONCETTO PETTINATO.
Caro PETTINATO, ti voglio spiegare il significato del nome bandito, in caso tu non lo sappia.

BANDITO: é quel nome che si dà a quella persona la quale, spinta da odio personale, o da sentimento avverso a qualunque legge, nuoce alla società, uccidendo, rubando, e calpestando vilmente qualunque legge.

I Patrioti italiani, e tutti lo sanno, sono giovani che vogliono l'Italia libera dal giogo Fascista. Essi non hanno odi personali, hanno il sentimento, l'odio alle leggi repubblicane, perché questa repubblica riconosciuta solo da Mussolini, da Pavolini, e forse dubbiosamente dal capo degli Hitleriani, ha emanato leggi che tendono solo a imprigionare una volta di più quel popolo italiano che dopo 20 anni di prigionia, deve purtroppo ancora subire quelle nefaste leggi emanate dal capo dei fascisti che nel lontano 1919 ha calpestato e sputato sulla bandiera italiana, per un solo scopo; e cioè quello di voler padroneggiare, rubare, (vedi 595 miliardi di deficit al 26 luglio 1943) o rendere ogni italiano schiavo o deficiente. Questo, caro Pettinato, e caro Ezio MARIA GRAY, é la sintesi e questo caro Pettinato, che pure tu come gli altri hai cercato di scolparti, di renderti una colomba bianca verso di noi, hai scritto l'articolo "Se tu ci sei batti un colpo".

I Patrioti della Valsoana, affinché tu lo sappia, una volta per sempre, sono persone che dal loro casellario giudiziario anche politico, risulta una parola sola, una parola che esprime ed ha un unico significato: NULLA.
Credo di averti spiegato la parola BANDITO.
Adesso ti spiegherò cosa voglia dire il nome ITALIANO.
ITALIANO: si chiama colui che nato nei confini geografici della nazione, vive per un solo scopo e per una idea sola: la sua Patria, l'ITALIA.

Mussolini, il giorno 20 settembre 1943, non sapendo più quale inno scegliere come nazionale, ha preso l'inno di Mameli e quello di Garibaldi.

Questi inni dicono una sola cosa, ed hanno un solo scopo: scacciare gli stranieri dal suolo italiano.

Tu caro Pettinato e tu caro Ezio Maria Gray degni seguaci del beneamato Mussolini, non volete gli stranieri fuori d'Italia, ma avete venduto l'Italia ai tedeschi. Il nostro comandante supremo PIETRO BADOGLIO ha firmato l'armistizio con l'Inghilterra e l'America, allo scopo di LIBERARE L'ITALIA e mettere gli italiani contro gli eterni suoi nemici: i TEDESCHI.

E tu caro Pettinato e caro Ezio Maria Gray che lasciate pubblicare certe fesserie, quando frequentavate la scuola elementare i vostri maestri cosa vi dicevano? cosa vi insegnavano? Odiate i tedeschi, nemici dell'Italia.

Questo ve lo dico affinché egregi professoroni sappiate che anche noi ricordiamo bene gli insegnamenti dei nostri avi: quegli avi che voi dite tanto di voler seguire, ma non avete mai, nella vostra completa ignoranza, dettata da quel capo che ha già fatto tanto soffrire il povero popolo italiano, ed ora continua imperturbabile, ed indefessamente seguito.

Noi, quali patrioti italiani diciamo ai tedeschi: non abbiamo paura; potete dire lo stesso voi repubblicani?

Dato che ci siamo vogliamo anche spiegare un po' le leggi e le previdenze che questo P.F.R. ha adottato verso il popolo italiano?

Incominciamo: LA SOCIALIZZAZIONE.

La socializzazione é la lotta contro il capitalismo. Queste legge tendeva a rendere l'operaio italiano, uguale al padrone di fabbrica.

Col 1" luglio 1944 gli operai italiani dovevano percepire dall'amministrazione della fabbrica, una parte, ben s'intende suddivisa, degli utili netti.

Rispondimi: gli operai italiani hanno visto questi soldi? NO.

L'altro giorno sul giornale stavate ancora riportando: "Le promesse sulla socializzazione". Volete spiegarmi, dato che io sono ignorante, questa parola: promesse???... siamo al 20 LUGLIO!!!

Le leggi repubblicane che emanate a grandi fasci e con poco sugo, vogliono tutti gli italiani avvolti in una frase sola: "La legge é uguale per tutti". Io rispondo: "ANCHE PER VOI?"

Voialtri per primi la calpestate: perché la calpestate? perché sono leggi che riguardano solo i FESSI (popolo fascista), perché voialtri calpestate, denigrate, uccidete, suicidate quei poveri disgraziati di italiani, ed il nome di italiano.

Mussolini, uomo sotto controllo delle baionette tedesche, nelle vicinanze di BRESCIA non osa nemmeno farsi circondare da un battaglione della milizia, perché lui per primo non si fida dei fascisti, perché sa che il suo giuoco é un giuoco a scopone: hanno paura di Settebello: "DEI PATRIOTI".

Volete che vi riporti ancora una frase detta da voi: ve la dico subito. "Noialtri abbiamo più poco da reggere le redini del Governo, tanto vale ammazzare, rubare, perché la nostra fine é già segnata: in Germania, se i tedeschi vorranno riempirsi la casa di ladri; giustiziati dal popolo, altrimenti".

Ecco spiegate in succinto le vostre idee, le vostre leggi, le vostre azioni.

E la COSTITUENTE dov'è, a che punto sta?

E così avrei da parlare un bel po', ma tralascio perché credo di avermi spiegato chiaro. Spero pure che avrete capito molto bene chi sono i Patrioti, quelli che voi chiamate banditi, e cioè contrari in tutto e per tutto a voialtri.

Noi abbiamo le nostre leggi, e gli abitanti della VALSOANA, nella quale noi ci troviamo, non hanno niente a patire. Il patrimonio zootecnico lo adoperiamo, si, ma paghiamo e non rubiamo; i contadini che danno burro e latte all'ammasso per conto nostro, non sono danneggiati nei loro averi, ma hanno ancora per loro uso familiare molto ma molto di più di quanto dà la repubblica.

Informatevi dai montanari della Valsoana e poi mi risponderete in merito.

A tuo piacimento e a piacimento di MARIO TEDESCHI, ti informo che i patrioti combattono con un'idea e che non hanno mai fatto come voialtri ad AGLIÉ CANAVESE: vilmente ammazzato (confessione fatta da un sergente dalla mano monca e da diversi suoi commilitoni) quel povero GINO ROMANA, che sarà vendicato; travolti in prigionia dopo averli bastonati, dopo averli torturati, i famigliari dei Partigiani.

Noi, nel nostro banditismo, non abbiamo mai reagito su famigliari dei fascisti repubblicani e non abbiamo mai torturato prigionieri: dillo un po' tu a Mario Tedeschi abitante in via Spontini, 25 a Torino, come li abbiamo trattati.

Mi rivolgo sempre all'articolo del 19 u.s.

Senti, caro Tedeschi, tu che sei di origine ebrea e che hai scritto su una porta in Valsoana, quando eri con noi, la frase: "Noi vogliamo essere tutti come Piero", cantavi bandiera rossa, hai applaudito (spontaneamente) alla vittoria nostra sui tedeschi a Pont, che sei stato trattato da noi con riguardo quando i miei uomini si privavano di pane e di sigarette per darne a te ed a quelli del Barbarigo, non fare per farti bello, lo scemo, dicendo che noi chiamiamo bastardo BADOGLIO e relativa frase, ma sii uomo e vergognati, perché tu scrivendo certe cose, devi essere uno di quelli senza scrupolo, senza coscienza senza dignità personale, capace all'ignominia ed a farti bello davanti ai tuoi degni superiori. Non contraddirti quando scrivi, studia caro Tedeschi, studia molto.

Vigliacco, tu non vuoi parlare della prigionia, perché tu sai che sei stato trattato bene e lo confermano i tuoi quassù che non hanno più voluto ritornare con i tuoi.

Volevi anche la cameriera? Perché dici che dormivate in trenta in due camere?

Hai lavati i piatti; ben ti sta. Dovevamo fucilarti.

Non parlare caro Tedeschi di Patria, perché se io avessi un Patriota come te lo ammazzerei subito, perché indegno di portare il nome di italiano.

Ti auguro di andare subito al fronte: hai paura? Perché non vieni contro di noi? Ti insegneremo a vivere ed anche a morire combattendo.

Tu parli di italianità, di combattimento sul fronte, hai fatto tre mesi di linea, hai ventidue anni. Sei giovane, ti compatisco. Tagliati il pizzo caro Tedeschi perché te lo bruceremo.

Grida pure Viva il duce, ma ti faremo gridare per la tortura che tu tanto indegnamente hai disegnato come vera. Quelli del Barbarigo che sono qui con noi, confermano ancora una volta che mai avversario ha trattato così bene. Ricordati caro Mario Tedeschi, che presto ci cadrai nelle mani e sapremo trovarti dappertutto, ed allora ti faremo provare quelle torture inenarrabili che tu dici di aver provato. Questo serva per schiarimento all'articolo che adesso spiegherò per l'attacco di OZEGNA.

Siamo arrivati ad OZEGNA alle ore 16 circa, per attaccare AGLIÉ.

I San Marco sapendo la nostra presenza ci mandavano un parlamentare. Incontratomi con BARDELLI intimavo la resa. Il San Marco non la concedeva.

Bardelli ordinava il fuoco (e non senza munizioni). Si venne in combattimento e dopo quindici minuti circa il San Marco si arrendeva. Noi eravamo una trentina e loro più di sessanta.

Il San Marco ebbe undici morti e noi tre.

2 L'obiettivo finale poteva essere l'attacco al presidio della X Mas di Agliè; infatti Piero Piero lo aveva studiato, ma nella realtà dei fatti in quell'8 luglio 1944 non si pensò proprio ad attaccare Agliè. La lettera scritta di getto dai due fratelli letterati dipendenti della Cassa di Risparmio e responsabili della fureria situata a Valprato, e coadiuvati da Lino, non é stata esaminata con attenzione in alcuni dettagli dal Comandante che tuttavia conferma oggi quanto scritto in precedenza su queste pagine.

Portati via i nostri morti lasciamo sul campo gli avversari dopo averli disarmati. Abbiamo abbastanza denaro per non arrivare al punto di togliere i denti d'oro ai morti; siamo Partigiani e non banditi, siamo uomini e non jene, siamo meglio di te e dei tuoi.

Tu non hai paura. Tu parli di nobiltà. Tu parli di resa obbligata! Tu parli cosi perché credi in quel duce, perché sei di razza fascista e forse perché trovandoti a faccia a faccia coi patrioti, ti é venuta la colite e adesso, trovandoti un po' malaticcio, chiuso magari in una camera blindata ad Ivrea, cerchi di farti bello perché sfuggito al nostro controllo.

Leggimi pure caro Mario Tedeschi e leggete bene italiani di tutte le idee e sappiate che mai Patriota italiano ha tagliato il naso, le orecchie, aperto il ventre (vigliacco) a chicchessia, anche se questi é un fascista, e nemmeno ci inoltriamo in una propaganda stupida quale tu ci incolpi.

Quando eri quassù avevi fifa ed adesso é il terrore che ti fa parlare, perché la tua fine é segnata. Ti prenderemo a qualunque costo, anche se vai in linea.

Se il San Marco, il Barbarigo non cede (lo abbiamo visto ad Ozegna), ricordati che il Patriota non posa mai le armi (vedi Pont contro i carri armati).

Ti voglio ancora spiegare la figura dell'eroe fu BARDELLI. (1)

Anche se parrà ingeneroso a prima vista dir corna di un morto, pure per quel senso di onore insito in ogni creatura umana. É necessario lumeggiare un pochino la figura di detto Ufficiale.

Apparteneva a quella schiera di isterico-nevropatici che formano lo S.M. della X Mas in genere e della Divisione San Marco in specie.

Tutti questi Napoleoni in formato tascabile, nei quali l'ignoranza e l'inettitudine é direttamente proporzionale all'ambizione e alla rapacità, infidi allo stesso alleato tedesco, che non li arma perché ne riconosce l'animo pronto a buttarsi dalla parte di chi paga meglio, sono la quintessenza dell'ignoranza e dell'incapacità umana.

Il magg. BARDELLI, dopo aver tentato con un colpo scandalistico di occupare il Comando del Regg. San Marco a La Spezia e facendo imprigionare sotto accusa di tradimento il comandante di Fregata TORTORA ed il comandante di Vascello BEDESCHI, rei di essere fedeli ai tedeschi, nel gennaio scorso (cosa terminata poi con la promozione al grado superiore di Tortora e di Bedeschi, e con dei mesi di fortezza a Bardelli) si é avviato al fronte, ove si é sempre curato di tutto, eccezione fatta dei propri uomini.

Viene raccontato poi che, nell'unica ispezione effettuata a Poggio Mirteto (nelle retrovie) sentendo rombare il cannone esclamasse: "Sparano anche qui?", e facesse subito dietro-front per ritornarsene a Roma nelle amorevoli braccia di CLARA CALAMAI, dal che si vede che preferiva altra battaglia forse meno gloriosa ma molto più comoda. QUALI EROI!!!! E siete tutti così.

Ad AGLIÉ ancora il Barbarigo oltre il resto faceva l'eroe uccidendo con un colpo di calcio di moschetto dato alla nuca un Patriota.

Questi sono i soldati repubblicani! Questa é la vostra civiltà! questo é il vostro eroismo!

O con noi o contro di noi!!

Pettinato, Ezio Maria Gray, Repubblica Fascista, vi ordino!! nella maniera più assoluta di non più pubblicare, per nessun motivo articoli non rispondenti al vero contro Patrioti. Fascisti repubblicani, repubblicani, vi ordino a nome di tutti i Patrioti delle valli canavesane di voler cancellare dal vostro vocabolario la parola "bandito".

Repubblicani, italiani a noi contrari! É PIERO CHE PARLA!

Se entro 15 GIORNI la parola bandito, notizie false pubblicate saranno ancora adottate, io coi miei mille uomini e con la DIVISIONE MATTEOTTI, scenderemo, ed oltre a bruciare le sedi dei giardini torinesi, ammazzeremo qualunque prigioniero perché é ora di finirla. ORA BASTA.

Noi non siamo quelli del 25 maggio e non abbiamo pietà per chi ci insulta vilmente. Noi stermineremo tutto e tutti e guai a voi se osate insultarci.

Per una famiglia di Patriota, per una casa di Patriota danneggiata, per ogni insolenza arrecata ai famigliari di Patrioti, ritirerò tre famiglie di repubblicani.

La famiglia é cosa sacra e guai a voi che io sappia se sarà recato qualche danno.

Solo così si agisce contro di voi, repubblicani, fascisti: vigliaccamente!

Firmato Piero e Lino

1 Il duro testo della lettera di Piero Urati, seguita poi da un'altra, più breve, a firma Brigate Matteotti – Divisione "Davito Giorgio", è chiaramente indicativo, come molti altri documenti dell'epoca, della terribile situazione nella quale versavano i combattenti italiani (regolari e non) e i civili nell'Italia nel 1943-1945. Infatti nella lettera e nelle memorie di Urati vi sono passi dove traspare il rispetto dei partigiani verso i pur spietati tedeschi; ma per i fascisti e i loro familiari vi è solo disprezzo: la disumanità della guerra, portata all'estremo nella guerra civile, da ambo le parti. Notiamo comunque che, nonostante le parole polemiche spese da Piero Piero nei confronti di Umberto Bardelli nella lettera a *La Stampa*, evidentemente dettate dalla situazione dell'epoca, Urati rimpiangerà, in seguito, di aver ucciso "un uomo coraggioso" come il Comandante Bardelli.

Il riferimento di Urati alla presunta relazione di Bardelli con Clara Calamai, relazione che era semplicemente una goliardica illazione dei suoi Marò del *Barbarigo*, che ingenuamente volevano rendere ancora più leggendario il loro Comandante, immaginandolo accanto alla bella attrice, e mettendo tra l'altro in versi questa "relazione" (*E mentre lui ci lascia in mezzo ai guai, se ne va spesso a letto con Clara Calamai...*), ci dà lo spunto per sfatare altre due dicerie su Bardelli, una "rosa" e l'altra decisamente triste.

Quella "rosa" è la diceria che il Comandante Borghese avesse una relazione con Ligetta Bardelli: fattori oggettivi quali il breve tempo nel quale la moglie di Bardelli è stata presso i comandi della Decima MAS, l'ambiente militare di La Spezia, che sicuramente garantiva una riservatezza quasi nulla, e la costante presenza della moglie di Borghese, l'indomita Daria Olufsieff Borghese, sono sufficienti a consegnare questa voce tra quelle più improbabili di "Radio Scarpa". Correlata a quest'ultima c'è la tesi secondo la quale Borghese avrebbe inviato Bardelli ad Ozegna allo sbaraglio sperando che, morendo, non ostacolasse più la sua relazione con Ligetta Bardelli.

Le molte testimonianze sulla impulsiva decisione personale di Bardelli di inseguire Oneto (quindi non eseguendo degli ordini superiori, men che meno un ordine diretto di Borghese), bastino a smentire completamente questa infamante voce infondata.

IL COMANDANTE UMBERTO BARDELLI

di Mario Sanvito e R. C.

I seguenti due articoli, pubblicati su "Il Pomeriggio" del 13 luglio 1944 e su "Regime Fascista" del 14 luglio 1944, uniti alla "Nobile lettera inviata a Serena Bardelli", formarono il volumetto Il Comandante Umberto Bardelli, *di Mario Sanvito ed R.C., stampato il 28 luglio 1944 dalle edizioni erre, appena due settimane dopo la morte del Capitano Bardelli.*

MARIO SANVITO ed R. C.

IL COMANDANTE
UMBERTO BARDELLI

edizioni erre

L'aveva nel sangue il senso del comando. Di statura media, tarchiato, la fronte alta a esprimere un'intelligenza fuori del comune, il volto striato da rughe profondissime, occhi mobilissimi, dallo sguardo sconcertante, uno sempre un po' sardonico, l'altro, al riparo del monocolo, che ti fissava acuto, imperioso, quasi a volerti estrarre dall'animo ogni più riposto sentimento. I subalterni, come se lo vedevano comparire innanzi la prima volta, comprendevano subito che con Umberto Bardelli bisognava filare diritto. Questo suo innato senso di imperio l'aveva rivelato sin da quando, giovanissimo, frequentava — essendo compagno di corso del comandante Borghese, al quale doveva rimanere affezionato sino all'ultimo respiro — l'Accademia di Livorno, sua città natale. Perchè Umberto Bardelli era il tipico uomo di mare, anche se i suoi studi e la sua passione non l'avevano portato a dirigere dalla plancia, ma a vivere a contatto con le viscere delle navi, giù tra le macchine, le cui pulsazioni febbrili egli accompagnava col battito sincrono dei suoi polsi, quasi volesse imprimere ai poderosi ma delicati congegni la sua disperata volontà di marciare sempre più velocemente sino ai limiti dell'assurdo. Se a tanto non era giunto, una bella soddisfazione era però toccata al direttore di macchina, capitano di corvetta Umberto Bardelli, che poteva vantarsi del primato di velocità tra gli incrociatori.

Ma alla sua audacia incontenibile le navi di superficie non potevano bastare. Egli portò quindi il suo ingegno tecnico anche nei sommergibili, perfezionandosi in questa specialità presso una scuola-base germanica, e conoscendo così il comandante Grossi, col quale doveva pure stringere un'amicizia fraterna, indissolubile. Era, questo della tenacia negli affetti, l'aspetto più simpatico di Umberto Bardelli, uomo dal carattere « difficile » impetuoso, facile alla collera violenta, ma sempre pronto a ricredersi se il torto era dalla sua parte e sempre generosissimo nel dimenticare, incapace d'infierire su chi si era palesato in colpa. Non era cosa semplice entrare nell'aggrovigliato labirinto di questo suo carattere poliedrico, sempre dominato, però, da un illuminato sentimento di bontà e d'altruismo. Ma come ne avevi scoperto la giusta via conducente al cuore, il suo grande cuore, era impossibile distaccarsi spiritualmente da Umberto Bardelli.

Uomo di mare egli era, dunque, in tutta l'estensione del significato. Per questo, dopo aver solcato il Mediterraneo, il Tirreno, l'Adriatico, l'Atlantico, sempre anelando il combattimento e guadagnandosi tre ricompense al valore, giunto il triste giorno dell'armistizio, Umberto Bardelli non volle abbandonare la sua grande nave, l'Italia, e da Taranto, mentre molti suoi compagni si sottomettevano all'onta atroce di recare in servile dono i nostri magnifici scafi al nemico, egli fuggì gli uomini del tradimento e, con mezzi di fortuna, attraverso un'odissea da romanzo, seco recando la moglie fedele e la figliola adorata, giunse fino a Trieste e, di lì, a Pola, dove subito offrì il suo braccio ai camerati germanici per combattere, coi pochi valorosi che l'avevano seguito, il ribellismo divampato nella regione. E l'uomo di mare seppe trasformarsi in uomo di terra, sempre tenendosi legato però all'oceano con un filo ideale. Maggiore della fanteria di marina egli divenne comandante d'un battaglione della X Flottiglia Mas, che il comandante Borghese aveva ricostituito e al quale fu imposto il nome di « Maestrale ». Ma tale nome sembrò di malaugurio, se pur glorioso, poichè era quello di una nave autoaffondata affinchè non cadesse nelle mani nemiche. E allora, a ricordo delle imprese di Grossi, si pensò di ribattezzarlo « Barbarigo », nome di grande casata. cui Agostino Barbarigo, quattro secoli addietro. diede splendido lustro col suo gagliardo contegno alla battaglia di Lepanto, per primo attaccando e sgominando, nel nome della Cristianità. la flotta turca.

Comandante nato, abbiamo detto, ma non pignolo. Organizzatore e trascinatore capace di pagare di persona, e perciò inflessibile nel volere disciplina, era Umberto Bardelli. E lo dimostrò riuscendo, attraverso miracoli d'abilità, a fornire il necessario d'armi, di mezzi motocorazzati. di vettovaglie al suo « Barbarigo », conducendo poi — primo contingente italiano impiegato al fianco dei Germanici — i suoi ragazzi a combattere sul fronte di Nettuno e alla difesa di Roma.

Ora, mentre si apprestava ad altre battaglie, un agguato di « fuori-legge » l'ha steso al suolo, — egli che avrebbe certo desiderato morire cullato dalla nenia dei flutti, — frammezzo a un gruppo di suoi fedelissimi. A ucciderlo non è stato piombo nemico, ma italiano. Tanta è la tristezza che ci invade al pensiero d'una Patria divisa nei suoi figli, che ogni epiteto si smorza nella strozza e gli occhi chiedono conforto al pianto. E con voce piana ripetiamo per Umberto Bardelli le parole ch'egli scrisse pochi giorni prima di finire assassinato, rivolgendo il pensiero ai suoi soldati caduti: « Ma nessuno di voi è morto finchè noi non morremo tutti. E fino a quando sarà in piedi uno del « Barbarigo » lo sarete anche voi ».

Da « Il Pomeriggio » del 13 luglio 1944-XXII.

" Da ogni dolore, da ogni sacrificio la fede rinasce più bella ,,

Molti forse, tra coloro che non hanno vissuto le eroiche giornate del fronte di Nettuno, non hanno mai sentito il nome del comandante Bardelli; ma tutti certo, anche i più neghittosi ed apatici, conoscono ormai per fama le gesta ed il valore dei marinari del « Barbarigo ».

« Barbarigo », nome già passato alla storia mentre questa storia continua a fluire e a fremere innanzi a noi; nome ormai conosciuto in tutta Italia e ben noto a tutti i nemici d'Italia. Oggi non esiste nessuno il quale non possa dire qualcosa di questo eroico Battaglione della « X Flottiglia Mas », che, portando il nome del più glorioso fra i nostri sommergibili, ha rivendicato e rinverdito, davanti al nemico sbarcato in terra italiana, il nostro valore e la gloria nostra.

Un giorno, quando la gigantesca epopea che oggi infiamma l'Europa sarà lontana nel tempo e non vivrà che come ricordo nella memoria ammirata e stupita dei posteri, certo il nome del « Barbarigo » risuonerà tra i più frequenti e più noti; e quale che sia il giudizio che di esso daranno le epoche future, i suoi soldati passeranno sempre alla storia e alla leggenda come uomini valorosi, leali, incrollabili nella loro fede.

Questo riconoscerà certo il futuro. Ed il popolo italiano, quale che esso sia per essere, non potrà avere per il « Barbarigo » che parole di ammirazione. Ma oggi un gruppo di italiani ribelli non ha esitato a scegliere come obiettivo del proprio agguato i migliori fra i soldati d'Italia, il migliore tra i marinai del « Barbarigo »: il comandante Bardelli.

Bardelli è morto. Morto insieme ai marinai del suo Battaglione, con lo stesso spirito e con la stessa fede che aveva mostrato a Nettuno e in tutte le sue precedenti imprese di guerra. Morte inattesa e triste, perchè sopraggiunta non nell'infuriare della battaglia contro il nemico soverchiante, per una bandiera che era italiana e contro quelle straniere. Una simile morte non ha arriso a Bardelli. Battaglia, sì, c'è stata; ma chi ha avuto di fronte il fuoco di un pugno di uomini del « Barbarigo » era italiano anch'esso:

10

se non nel cuore, nel sangue almeno. Che lo fosse nel cuore noi neghiamo risolutamente, perchè non può appartenere alla genuina razza di questa terra chi usa come propria arma il tradimento.

La fine di Bardelli è nota. E' noto il suo tentativo di persuasione e di pacificazione che egli ha voluto compiere verso coloro che credeva fratelli. Egli che aveva sfidato semplicemente la morte alla testa dei suoi marinai, che per cancellare l'onta del tradimento aveva mostrato tanto disprezzo della vita, non credeva forse, intimamente, che a tanto potesse giungere la perfidia traditrice. Bardelli non ha iniziato per primo la battaglia contro i ribelli, ma ha accettato di parlamentare. Bardelli è andato sereno incontro ad essi ed ha loro parlato. I ribelli gli hanno mentito e hanno tirato su di lui. Bardelli è stato leale. I ribelli no.

Questa la fine di alcuni tra coloro che avevano difeso Roma e che di non altro andavano fieri che del loro nome di Italiani. Al comandante Bardelli, telegrafandogli il proprio compiacimento e la propria convinzione che il nome « Barbarigo » non poteva essere affidato

11

a soldati migliori, il comandante Grossi aveva anche augurato: « La fortuna vi fornisca migliori occasioni di quelle che elargì a me ».

La fortuna ha invece voluto che anche sui prodi del « Barbarigo » scendesse l'ombra della guerra civile; e che la gloria baciasse sì, ancora una volta, il loro gagliardetto, ma in un momento che è pur sempre per l'Italia di dolore e di lutto.

Meditino oggi gl'Italiani sulla terribile realtà e sul profondo significato di quanto è accaduto; non perchè dalla meditazione, più bella e più viva balzi la figura del comandante Bardelli e dei suoi compagni giacchè essa s'impone da sola; ma perchè si sappia quanto doloroso sia il periodo che oggi l'Italia attraversa e a qual punto sia potuto giungere, verso i propri fratelli. l'odio di alcuni Italiani; e soprattutto quanta emulazione e quanti emulatori abbia trovato uno stile che rimarrà legato per sempre al giorno peggiore della nostra storia: quello dell' 8 settembre.

Oggi noi non chiediamo, a coloro che si sono proclamati ribelli, in nome di quale idea combattono, nè intendiamo farlo più oltre. Ma ben possiamo chiedere quale idea e quale coscienza d'uomini impongano o permettano il tradimento e la viltà. Ben possiamo dir loro e a quanti parteggiano per essi, che noi preferiamo mille volte il nemico più feroce al fratello disonesto. E sia chiaro che noi non tanto ci dogliamo che egli sia contro di noi, quanto del modo con cui egli è contro di noi.

Contro la slealtà di chi tese una miserabile insidia sta oggi ancor più vivificata e benedetta dal martirio, l'eroica semplicità del «Barbarigo». Siamo sicuri che non vano sarà il suo sacrificio: che non vano sarà il ricordo del comandante Bardelli, caduto nella piazza di Ozegna, dopo di aver parlato ai propri fratelli con animo di soldato e dopo aver creduto che non insensibili fossero essi rimasti davanti alle parole e alle gesta di chi tornava da una battaglia combattuta tanto lungamente e tenacemente contro un avversario più forte.

Ma oggi noi non abbiamo nemmeno tempo per chiederci quali motivi abbiano spinto l'azione dei ribelli. Troppo corre celere la storia perchè noi si abbia a occuparci di loro, quando pure fresco è il sangue dei nostri caduti. E a questi vada oggi non il nostro semplice pensiero di ammirazione e di reverenza, ma soprattutto quello che ci fa certi della nostra lontana ma sicura rinascita, ispirata al loro eroismo e al loro sacrificio. Ai marinai della X, a tutti i superstiti del « Barbarigo » è oggi affidata una missione di solidarietà e di italianità. Essi la compiranno fino all'ultimo. A loro, ai nostri fratelli spenti dalla più nera perfidia non abbiamo oggi parole migliori da rivolgere di quelle che lo stesso comandante Bardelli ebbe a scrivere un giorno sul giornale del battaglione: «Caduti del « Barbarigo ». da ogni dolore, da ogni sacrificio, la fede rinasce più bella. Il vostro sangue servirà ad accendere il cuore dei fedeli e dei puri, scuoterà i dubbiosi e gli incerti, sarà sparso su questa Italia martoriata e disillusa per una benedizione profonda ».

Da « Regime Fascista » del 14 luglio 1944-XXII.

Nobile lettera inviata a Serena Bardelli

Il truce misfatto perpetrato dai « fuori legge » ha indignato e commosso le popolazioni dell'Italia Repubblicana, e infinite sono state le lettere di esecrazione e di solidarietà inviate da popolani e da combattenti al Comando della X Mas e alla famiglia dell'Eroe.

A Serena Bardelli, figliola dell'eroico Comandante, è giunta, fra le altre, questa nobile epistola che riproduciamo. Parole di fiero cordoglio, nobili espressioni degne di essere meditate:

« *Cara Serena,*

permetti che ti chiami così e che ti dia del tu; sei certamente giovane e giovane molto sono pure io. Dai giornali ho appreso che i « fuori legge » hanno vilmente ucciso il tuo babbo. Il tuo dolore è certamente grande, molto grande; piangerai e soffrirai, perchè è umano soffrire e piangere su di un congiunto morto.

Quando però si tratta di una persona che

15

da buon combattente, da buon Italiano ha sempre fatto il suo dovere, il dolore deve essere improntato da tanta fierezza, da tanto orgoglio.

Sì, Serena, tu devi essere fiera ed orgogliosa di avere avuto un padre che per la Patria ha combattuto, che per la Patria ha sofferto quando questa è stata tradita e che per l'immenso amore che ad essa portava è stato ucciso.

Egli non è morto, il suo spirito è rimasto insieme ai suoi ragazzi, è rimasto con loro per proteggerli, per guidarli alle mète fulgide di gloria, è rimasto a vegliare su di te, sulla tua mamma che tu hai il dovere di consolare, di confortare.

Dal cielo degli Eroi egli ti assicura che non è morto chi alla Patria ha dato la vita. Egli ti benedice e benedice pure questa nostra amata Italia che, per il sangue che irrora generoso la sua terra, dovrà rifiorire e risorgere.

Sii forte, Serena; il babbo tuo sarà contento e fiero di te, come tu sei orgogliosa del suo sacrificio, come tu sei fiera di Lui.

Ti abbraccio fraternamente.

Elena Zanga »

Finito di stampare il 28 Luglio 1944-XXII

DOCUMENTI

COMANDO SUPERIORE FORZE SUBACQUEE ITALIANE IN ATLANTICO

MESSAGGIO POSTALE N.

indirizzato a:
X^ FLOTTIGLIA M.A.S.
LA SPEZIA
per Comandante BARDELLI

e per conoscenza:

Data 1° Marzo 1944/XXII° *Rif.* *del*

Testo: <u>URGENTISSIMO</u>

    Ringrazio te, ufficiali, sottufficiali et marinai per gradito tele.- Sono certo che il nome "BARBARIGO" non poteva essere affidato a soldati migliori.- la fortuna vi fornisca migliori occasioni che elargì a me;- questo è il mio fervido voto.-

    Abbraccioti

GROSSI

FIRMA

MINISTERO DELLE FORZE ARMATE

IL CAPO DELLA SEGRETERIA MILITARE

Posta da campo 867, 26 aprile 1944-XXII-

Caro generale,

in merito alla tua segnalazione riguardante il battaglione "BARBARIGO" ti invio copia delle spiegazioni fornitemi dall'ufficiale collegamento marina presso il Ministero Forze Armate. -

Al generale

Kirieleison

Comando Città Aperta di ROMA

- R O M A -

F/4   Roma, 21 Agosto 1944 A   301/a

Ministero della Marina
GABINETTO

Al COMMISS.SUP.D'INCHIESTA (B.)
SEDE   i dipendenti.-

INDIRIZZO TELEGRAFICO: MARINA-ROMA

N° B 1685 Allegati

ARGOMENTO: Ruolino della forza del Btg. della
Marina Repubblicana "Barbarigo".

SEGRETO

Si rimette in allegato una copia del ruolino della forza del Btg. della Marina repubblicana "Barbarigo" rinvenuto per terra sulla Via Cassia al 20°Km. da Roma.

IL CAPO DI GABINETTO
Mag. di V. F. Paolini

	emisio	cl.	1906
	ncarlo	"	
	onio		
	ibaldi	"	1911
	como	"	1918
	erto	"	1921
	lo	"	1912
	lo	"	1922
	vanni	"	1904
	seppe	"	1901
	ero	"	1922
	tro	"	1919
	enico	"	1918
	acomo	"	1916
	......		
	rlo	"	1920
	ncesco	"	1921
	lippo	"	1915
	o	"	1920
	etro Paolo	"	1919

S.C.S.I.-"B"
N. 108 P
Data 30 AGO. 1944

205)	T.F.	JONCETTI	Giulio	fu Edoardo	" 1906
206)	T.C.	FALANGOLA	Federico	di Mario	" 1919
207)	T.C.	MONTICELLI	Pietro	fu Matteo	" 1921
208)	T.C.	PIRINI	Giuseppe	di Manlio	" 1922
209)	T.C.	POSIO	Paolo	di Francesco	" 1921

............omissis............

2ª COMPAGNIA

)	T.F.	RUFFINI	Gustavo	di Vincenzo	
)	T.C.		Mario	di	
)	T.C.		Alfonso	di	
)	T.C.	FORMARI	Aldo	di	

Militari effettivi in data odierna ai reparti dipendenti.—

COMPAGNIA COMANDO

1)	T.C.	BARDELLI	Umberto	di Artemisio	cl.1906
2)	T.V.	VALLAURI	Giuseppe	di Giancarlo	
3)	T.F.	GRAZIANI	Giuseppe	fu Antonio	
4)	T.F.	MAGGIANI	Almo	fu Garibaldi	" 1911
5)	T.F.	RATTAZZI	Urbano	di Giacomo	" 1918
6)	T.C.	BAUDINELLI	Mario	fu Alberto	" 1921
7)	T.C.	BELLUCCI	Giuseppe	di Italo	" 1912
8)	T.C.	CICERONE	Claudio	di Paolo	" 1922
9)	T.C.	GRAZIOLI	Clemente	di Giovanni	" 1904
10)	T.C.	MASSETANI	Amedeo	fu Giuseppe	" 1901
11)	T.C.	POLACCI	Siro	fu Ellero	" 1922
12)	T.C.	PONTERIO	Bruno	di Pietro	" 1919
13)	T.C.	RICCIO	Ugo	di Domenico	" 1918
14)	T.C.	RUGGERI	Renzo		
15)	T.C.	VALENTINI	Gianni	fu Giacomo	" 1916

..............omissis............

1^ COMPAGNIA

100)	T.C.	BORDOGNA	Mario	fu Carlo	" 1920
101)	T.C.	AGRESTA	Luigi	fu Francesco	" 1921
102)	T.C.	CASETTA	Franco	fu Filippo	" 1915
103)	T.C.	FERRARI	Franco	di Ugo	" 1920
104)	T.C.	MICHENZI	Pasquale	fu Pietro Paolo	" 1919
105)					

............omissis...........

2^ COMPAGNIA

205)	T.F.	CONCETTI	Giulio	fu Edoardo	" 1906
206)	T.C.	FALANGOLA	Federico	di Mario	" 1919
207)	T.C.	MONTICELLI	Pietro	fu Matteo	" 1921
208)	T.C.	PIRINI	Giuseppe	di Manlio	" 1922
209)	T.C.	POSIO	Paolo	di Francesco	" 1921

............omissis...........

3^ COMPAGNIA

352)	T.F.	RUFFINI	Gustavo	di Vincenzo	" 1919
353)	T.C.	CINTI	Mario	di Siro	" 1922
354)	T.C.	FIOCCA	Alfonso	di Armando	" 1921
355)	T.C.	FORNARI	Aldo	di Gino	" 1921
356)	T.C.	LEONCINI	Enzo	fu Michele	" 1918

............omissis...........

4^ COMPAGNIA

469)	T.F.	PIETRUCCI	Renzo	di Serafino	" 1922
470)	T.F.	POLLASTRELLI	Fernando	di Luigi	" 1921

X^ FLOTTIGLIA M. A. S.
Gruppo da Combattimento "Barbarigo"
ORDINE PERMANENTE

1^ BATTERIA

594)	T.C.	CARNEVALE	Renato	di Francesco	Cl.	1911
595)	T.C.	BELLUCCI	Giuseppe	di Italo	"	1912
596)	T.C.	FANTONI	Enrico	di Attilio	"	1922
597)	T.C.	GIORGI	Alberto	di Giuseppe	"	1923
598)	T.C.	PEZZOTTA	Sergio	di Luigi	"	1920
599)	T.C.	POLLASTRINI	Romolo	di Ferruccio	"	1919

........Omissis..........

2^ BATTERIA

679)	T.C.	BARBA	Vincenzo	di Salvatore	"	1922
680)	T.C.	GROSSO	Francesco	di Cesare	"	1921
681)	T.C.	PANEBIANCO	Orazio	fu Arturo	"	1916

........Omissis..........

3^ BATTERIA

742)	T.F.	TRATTENE	Domenico	fu Antonio	"	1910
743)	T.C.	PAOLELLA	Giuseppe	di Carlo	"	1924

........Omissis..........

IL COMANDANTE DEL GRUPPO
Comandante di Corvetta
f/to Umberto Bardelli

P. C. C.

L'AIUTANTE MAGGIORE
del Gruppo
F.to Illeggibile

→ L'elenco completo è stato passato al Crem in data 4/9/4.

BIBLIOGRAFIA

Stato di servizio del Maggiore G.N. Umberto Bardelli, USMMI.

Arena, Nino, *R.S.I. Forze Armate della Repubblica Sociale*, Parma, 1999.

Bordogna, Mario (a cura), *Junio Valerio Borghese e la Xª Flottiglia MAS*, Milano, 1995.

Bonvicini, Guido, *Decima Marinai! Decima Comandante!*, Milano, 1988.

Bredt, Alexander, *Weyers Taschenbuch der Kriegsflotten 1937*, München, 1937.

Calamai-Pancaldi-Fusco, *Marò della X Flottiglia MAS*, Bologna, 2002.

Caporilli, Pietro, *Sommergibili in Mar Rosso*, Roma, 1942.

Farotti, Giorgio, *Sotto tre bandiere*, Genova, 2005.

Giorgierini, Giorgio, *La guerra italiana sul mare*, Milano, 2001.

Giorgierini, Giorgio, *Uomini sul fondo*, Milano, 1994.

Grossi, Enzo, *Dal "Barbarigo" a Dongo*, Pavia, 2001.

Lagomarsino-Lombardi, *Lo sbarco di Anzio*, Genova, 2004.

Lazzero, Ricciotti, *La Decima MAS*, Milano, 1984.

Lembo, Daniele, *I fantasmi di Nettunia*, Roma, 2000.

Luci Chiariti, Luciano, *Con il Barbarigo a Nettuno*, Genova, 2005.

Mollo, Andrew, *Uniformi delle Marine e delle Aviazioni nella seconda guerra mondiale*, Roma, 1981.

Nesi, Sergio, *Junio Valerio Borghese*, Bologna, 2004.

Perissinotto, Marino, *Duri a morire, Storia del Battaglione Barbarigo*, Parma, 2001.

Pisanò, Giorgio, *Gli ultimi in grigioverde*, Milano, 1994.

Pollina, Paolo M., *I sommergibili italiani 1895-1962*, Roma, 1963.

Sanvito, Mario-R.C., *Il Comandante Umberto Bardelli*, s.l., 1944.

Tedeschi, Mario, *Sì bella e perduta... Storia del Battaglione Barbarigo e dell'amor di Patria*, Roma, 1994.

Trizzino, Antonino, *Sopra di noi l'oceano*, Milano, 1967.

Ufficio Stampa e Propaganda della X Flotmas, *Questa è la Decima*, s.l., s.d..

Urati, Piero, *Piero Piero. Autobiografia di un protagonista della guerra partigiana*, Aosta, 2005.

TITOLI PUBBLICATI - ALREADY PUBLISHING

www.ingramcontent.com/pod-product-compliance
Lightning Source LLC
LaVergne TN
LVHW081455060526
838201LV00051BA/1809